教師の負担を軽くする！

60の技で4技能を圧倒的に伸ばす

英語授業の裏ワザ指導術

正頭 英和　著

明治図書

は じ め に

教師は忙しい！

　教師は忙しいです。世間一般の仕事イメージは「授業者」であると思いますが，授業は私たち教師の仕事のほんの一部でしかありません。『毎日が忙しい！』と感じている教師は，ほとんどの場合が授業以外の理由で忙しいのです。もちろん，それこそが「塾」や「予備校」との決定的な違いでもあり，「やりがい」につながる部分でもあります。しかし，とにかくやることが多いのが，私たち教師の仕事です。時間がいくらあっても足りない……と感じているのは，きっと私だけではないはずです。

「生徒のために」

　この世の中には，"暴力的な正義"があるように思います。そしてそれは，教師の世界にもたくさんあると感じています。その代表的なものが「生徒のために」という言葉です。教員会議でも，この言葉を出されると多くの人は反対することをためらうようです。何となく，「生徒のためになることに反対」のようなニュアンスになってしまうからかもしれません。

　確かに「生徒のために」という言葉は強くて美しく，私たち教師の道標のような言葉です。ですが，「生徒のために，夜12時まで授業準備」「生徒のために，土日も休まず出勤」ということができる人は，ほんの一握りのパワフルな先生方だけです。普通の教師は，そんな長時間労働に耐えることはできません。また耐えるべきだとも思いません。「生徒のために」という言葉は，素敵な言葉であると同時に，教師自身を苦しめる「諸刃の剣」でもあるのです。

本書での「裏ワザ」とは？

　私たちの仕事は忙しいです。だからこそ，私たちの仕事には「工夫」が必要です。そして，授業も同じく工夫が必要です。では，どのような工夫が必要なのでしょうか？　私が考える「工夫」とは，

生徒の力を最大限に伸ばしつつ，
かつ教師の負担を少なくするもの

というものです。私たちの仕事を，そういった方向性にシフトしていくことが大事だと考えています。生徒の力を伸ばすことは絶対に大事です。ですが，同じ「10」の力を伸ばすのなら，教師の負担が「10」のものと，「5」のものとなら，それは「5」のものの方が優秀だと言えるはずです。残った「5」の力は，学級経営や行事指導などに使えばいいのです。もちろん，授業に使うことだってできますし，「私生活」に使うことだってものすごく重要なことだと思います。私はこのような「生徒の力を最大限に伸ばしつつ，かつ教師の負担が少なくなるようなワザ」を「裏ワザ」と名付けました。同時に，これが本書のコンセプトにもなりました。

授業には決して手を抜かない。
だけど，より負担を軽くするアイデアは必ずある！

　そんなことを考えながら，今までいろんな実践をしてきました。本書ではそのアイデアをまとめています。また，本書で記されている実践は，すべて私が教室で実践したものです。諸先輩方から教えていただいたものに少し手を加えたものや，私自身のオリジナルのものもありますが，共通して言えるのは私が教室で実践して『使える！』と思ったものばかりだということです。いわゆる研究であるようなデータや引用などはありません。それは私がこの

本を教室実践に根付いた本として意識したからです。

　また本書でご紹介させていただいているアイデアは，「継続してできる活動」ということも意識しています。この本は単発のゲームやアイデアを紹介したものではありません。

継続して実践することが可能なアイデア

ということを意識しています。私の実践のベースには「力を伸ばす」という思いがあります。そして，力を伸ばす活動には，「継続してやり続けること」が前提条件としてあります。どんな活動でも単発では力がつきません。継続が絶対です。何かの活動を継続してできるようになると，授業準備もルーティン化されますし，生徒にもわかりやすくなります。つまり，継続のしやすさが，教師の負担の軽減にもつながる，と私は考えています。そういった面も意識して本書を執筆しました。

　本書をきっかけに，皆さまの生徒がより英語の力を伸ばすことにつながり，かつ皆さまの多忙感を少しでも解消することにつながれば，これほど嬉しいことはありません。

　2018年1月

正頭　英和

CONTENTS

はじめに

Chapter 1
規律ある環境が学力を伸ばす！
授業に集中させる裏ワザ16

4月はとにかく「規律」を重視 ……………………………… 10

こまめに声を出させる …………………………………………… 12

話の聴き方3原則 ………………………………………………… 14

ウソも方便 …………………………………………………………… 16

指示に数字 …………………………………………………………… 18

わかりやすい指示の極意 ……………………………………… 20

言葉をキレイに …………………………………………………… 22

授業にスパイスを与える「いきなり小テスト」……………… 24

生徒が集中する授業設計 ……………………………………… 26

書き写しやすい板書づくり …………………………………… 28

座席アレンジメント ……………………………………………… 30

プリント「不足」術 ……………………………………………… 32

生徒の力を伸ばすテスト返却術 …………………………… 34

問題集を使って授業づくり …………………………………… 38

指示・説明は1回 ………………………………………………… 40

生徒の意見は，生徒で解決 …………………………………… 42

5

Chapter 2

技能別でよくわかる！
授業を成功に導く指導の裏ワザ37

コツの伝授で意欲 UP！単語・文法指導の裏ワザ

単語の勉強方法を指導 …………………………………… 46

３つの技能のチェック表 ………………………………… 48

蛍光ペン＆赤ペンで単語指導 …………………………… 50

品詞別単語プリント ……………………………………… 52

必要以上に定着を求めない ……………………………… 54

キーセンテンスはリスト化して帯活動 ………………… 56

「教えたい病」を増殖させる …………………………… 58

「わかった」を実感させる！リスニングの裏ワザ

積極的日本語活用論—All English の活用法— ………… 60

聞き分けトレーニング …………………………………… 62

盛り上がって準備が楽な LSD …………………………… 64

画像活用術 ………………………………………………… 66

リスニングパズル ………………………………………… 68

リスニング４段階勉強法 ………………………………… 70

聞き取れない英文を聞き取れるようにするワザ ……… 74

本物の読解力を育てる！リーディングの裏ワザ

想像力を育てる挿絵の活用術 …………………………… 76

退屈な QA に一工夫 ……………………………………… 78

教科書を何度も読みたくなる発問 ………………………… 80

発問には数字を ………………………………………………… 84

ややこしい説明はリーディング教材に ……………………… 86

積極的カタカナ活用論 ………………………………………… 88

直読直解の思考回路育成法 …………………………………… 90

和訳先「渡さない」術 ………………………………………… 92

苦手意識を持たせない！スピーキングの裏ワザ

生徒こそが使うべき Classroom English …………………… 94

段階的スピーキング …………………………………………… 96

スピーキングテストの待ち時間は Flip&Write ……………… 98

発音指導は５つだけ …………………………………………… 100

カタカナ de リンキング ……………………………………… 102

スピーキング力を飛躍的に伸ばす「模範解答」…………… 104

準備簡単！教科書 Picture Describing ……………………… 106

苦労してつくらせた英作文は使い倒せ！ ………………… 108

みるみる書けるようになる！ライティングの裏ワザ

ライティング指導には戦略が必要だ！ …………………… 110

準備が簡単！教科書を使った英作文 ……………………… 112

指導時間を削減できる「不自由英作文」………………… 114

ライティング力を高める「和文和訳」…………………… 116

間違い探し学習法 …………………………………………… 118

意味理解で終わらせない …………………………………… 120

つまらないキーセンテンスを輝かせる …………………… 122

7

Chapter 3
できる先生はココが違う！
多忙解消の裏ワザ7

仕事がはかどる！引き出し活用術 …………………………… 126

書類管理はタブレットで …………………………………… 128

ネット断食で時間確保 ……………………………………… 130

手間を削減する！ファイル回収術 ………………………… 132

ファイル活用を促す！プリント作成術 …………………… 134

導入へのこだわりをなくせ ………………………………… 136

振り返りは授業力を伸ばす唯一の方法 …………………… 138

おわりに

Chapter 1

規律ある環境が学力を伸ばす！

授業に集中させる裏ワザ16

4月はとにかく「規律」を重視

授業は一年間で完結する

4月はみんないい子です。特に中1や高1のような「1年生」はいい子です。初回の授業では，先生の自己紹介などもそれなりに聞いてくれることでしょう。そういう生徒たちの姿を見ると，『この子たちを英語好きにさせるぞ！』などと意気込んでしまう気持ちもわかります。

しかし，授業は一年間の見通しを持たなければいけません。普通の生徒であれば，一年間ずっと「いい子」でいられる訳はありません。雨の日や風の日があるように，生徒たちにもいろんな状態の変化が見られます。4月の状態ですべてを判断してはいけません。

授業の中身より「規律」を重視する1ヶ月に

例えば4月の授業で，起立した状態で音読をさせようと思ったとします。教師の「はい，立って」の合図で生徒たちは立ち上がることでしょう。しかし，『少しダラダラ立ち上がったかな〜』と思ったならば「はい，着席。立つだけの作業で10秒もかかっています。たった10秒と思うかもしれませんが，一年間の授業でこれを繰り返せば，とても大きな時間になります。これをロスタイムと言います。ロスタイムを減らしましょう。もう一度やり直します。全員立ってください」とでも言えば，今度はすっと立つことでしょう。そして，「それでいいです。ロスタイムを減らすことを一年間続ければ，授業にも集中できるし，力も伸びるようになっていきます」と，すぐにできたことを評価するようにします。

とはいえ，もしかしたら，この指導の時間の中で，音読を1回できるかも

Chapter 1　規律ある環境が学力を伸ばす！授業に集中させる裏ワザ16

しれません。単語を１つ覚えられるかもしれません。英語の授業という意味では無駄な時間のようにも思えます。しかし，授業は一年間で完結します。最初に徹底して指導することが，３月の結果に大きな違いを生み出します。

「先手」の指導を！

　例えば，『ダラダラしてるなぁ』と思ったとき，「ダラダラするな！」と指導したとします。実は，この指導にあまり意味はありません。その場だけ少しよくなるだけですし，繰り返せば『いちいちうるさいなぁ』と生徒からの印象も悪くなってしまいます。指導のタイミングは「ダラダラしていないとき」です。ダラダラする直前に，「ダラダラするな！」という指導が効果的です。これを**事前指導**と言います。生徒たちがしっかりと話を聞いてくれている段階のときに，いろいろな大切なことを伝え，浸透させていくことが重要です。忘れ物をしてから「気をつけて」と言うのと，忘れ物をする前に「気をつけて」と言うのでは，忘れ物をしたあとの生徒たちの行動も変わります。

最初を頑張れば，後は楽になる！

　４月の指導は面倒かもしれません。英語よりも規律の方を重視することは，口うるさく指導する機会が増えるということです。教師も生徒もあまりいい気分になるものではありません。ですが，最初の１ヶ月は我慢して規律の指導を徹底しましょう。そうすれば，あとはすごく授業が楽しくなる11ヶ月が待っています。

✔ 要点チェック！

　一年間を見通したとき，規律の指導が浸透しやすいのは４月です。４月を逃すと，後手の指導ばかりになり，英語の授業どころではなくなってしまう可能性もあります。４月は「英語よりも授業規律」ぐらいの気持ちで細かく徹底して指導していくことが，あとの11ヶ月の授業を劇的に変えてくれることにつながります。

11

こまめに声を出させる

すべての授業の中身を充実させることは難しい

　先生方の教室に，眠そうに授業を受けている生徒はいませんか？　仮に，そんな生徒がいたとします。さて，何が原因でしょうか？　優秀な先生であればあるほど，『私の授業がつまらないからだ……』と自己否定をしてしまうことでしょう。確かに，授業がつまらないから，生徒は眠そうにしているのです（笑）。

　自らの授業力を向上させることは，絶対に必要なことです。ただ，年間100回を超える授業で，すべての授業を魅力的な中身にすることは正直難しいのではないでしょうか。

中身が「つまらない」ものでも，やり方は「刺激的」にできる

　つまらない中身の授業はあります。もちろん，少ない回数の方がいいですが，それでも年に何回かは，つまらない授業は生まれてしまいます。しかし，**「つまらない」「眠くなる」と思わせない方法**はいくつもあります。その方法の一つが，「こまめに声を出させる」ということです。

　文法項目などで，どうしても説明を丁寧にしなければいけない瞬間があります。それでも10分を超える解説は問題があるとは思いますが，口下手な人や，気になってどうしても丁寧に説明したくなる性格の先生は10分を超える人もいるかもしれません。そんなとき，「こまめに声を出させる」ということが効果的です。例えば，

教師：「（省略）これを現在進行形と言います。be 動詞＋〜ing で表現しま

Chapter 1　規律ある環境が学力を伸ばす！授業に集中させる裏ワザ16

す。では，声に出しましょう。be 動詞＋〜ing。はい！」
全員：「be 動詞＋〜ing」
教師：「では，全員立って，3回言ったら座りましょう。どうぞ」
全員：（立って復唱する）
教師：「be 動詞＋……何でしたか？　○○さん」
○○：「えっと……」
教師：「油断するなよ。be 動詞＋〜ing。もう一度全員で，はい！」
全員：「be 動詞＋〜ing」

　このように，一方的かつ退屈な説明であっても，「刺激的」な授業に見せることは可能です。**生徒が退屈そうにしている姿や，眠そうにしているのは，その授業の「中身」が退屈だからではありません。「やり方」が退屈だからなのです。**何度も言いますが，年に100回を超える授業の中で，すべての中身を充実させることは難しいです。しかし，中身が退屈であっても，やり方を刺激的にすることで，生徒を強引に授業にのせてしまうことができます。その一つの方法が「こまめに声を出させる」です。

立って3回
音読しよう！

要点チェック！

　授業の中身を充実させることも重要ですが，どうしても充実させられない場合は，「やり方」を充実させましょう。キーワードは「緊張感」です。『今日の授業は油断できないぞ……』と思わせましょう。もう一つは「体を動かす」ことです。どんなに眠くても，立ちながら寝たり，声に出しながら寝ることはできません。積極的に体を使わせましょう。

13

話の聴き方３原則

コミュニケーションで一番大事なスキル

　英語に限らず「コミュニケーション能力」というものが重要視されている昨今ですが，一番大事な技能は何でしょうか？　状況や考えにもよるでしょうが，私は「聴くスキル」だと思っています。「聴く」というスキルを育てない限り，話者も育ちませんし，他者との違いを受け入れるということもできるようになりません。人の意見を聴かない生徒は，自分のアイデアにもきっと限界が出てくるでしょう。

「ちゃんと」はちゃんと伝わっている？

　生徒に「聴く」というスキルがない限り，授業は成立しません。しかし，「聴く」というスキルの指導に関して，教師は意外と無頓着だなぁと私は感じています。指導のほとんどは「ちゃんと聴きなさい」だけではないでしょうか。もしもそうならば，この指導方法は問題が大きいと個人的には感じています。なぜなら「ちゃんと」とはどういった状態を意味しているのか？　そのことを生徒と擦り合わせているのか？　その前提がない状態で「ちゃんと聴きなさい」と指導しても，その指導は「ちゃんと」伝わっていないかもしれません……。

話の聴き方３原則

　私は「ちゃんと聴く」ということを，以下のような状態である，ということを年度当初に生徒と擦り合わせをしています。「話の聴き方３原則」と名付け，生徒にインパクトが残るようにしています。

14

Chapter 1　規律ある環境が学力を伸ばす！授業に集中させる裏ワザ16

・目を向ける
・へそを向ける
・膝を向ける

　目・へそ・膝の３つを話者の方に向けるように指導しています。「話者」としたのは，教師だけでなく，クラスメートの発表であっても同じようにさせるためです。あえて「耳」という言葉を使っていません。しかし，この３つを向けた状態では，話を聴かないということの方が困難です。生徒たちへの指導も「話を聴きなさい」ではなく，「目！」とか「へそ！」などと短くユーモアを持って行います。

「聴」という漢字

　「聴」という漢字は「耳」+「目」+「＋」+「心」の４つで構成されているということを生徒たちには伝えます。「目を見て，プラスの心を持って聞こうとすると，聴くという言葉になるんだ」と伝えると，一部の生徒は「なるほど〜」と目を輝かせます。クラスの内の何人かはこういう話が好きです。こんな雑談で生徒の心を掴んでおくことも大事ではないでしょうか。

要点チェック！

　話の聴き方の指導を丁寧にしておられる先生方は少ないと思っています。しかし，これをちゃんと指導しておけば，その後の指導が楽になります。「そんなことぐらいできて当然！」などと決めつけず，先行投資だと思って指導してはいかがでしょうか。

ウソも方便

やる気スイッチ

　やる気のない生徒が時々います。やる気がない理由はいろいろあると思いますが，私はやる気のない（ように見える）生徒は，『**全力を出したのにできない。そんな自分の姿を見ることが怖い**』のだと思っています。だから，いろんなことに挑戦することを恐れてしまうのです。そして，挑戦しないから自分を成長させることができず，またやる気を失ってしまうのだと，私は考えています。

　生徒を「やる気」にさせる技術を，教師は身に付けておく必要があります。生徒を「やる気」にさせるコツは，生徒に自己伸長感を持たせることです。簡単に言えば，「できない生徒を，できるように育てる」ということがやる気を引き出すカギになります。もっと言えば『**自分は成長している**』と思わせることができれば，十分なのです。やる気に関してだけ言えば。

ストップウォッチのウソ

　私の授業の必需品に「ストップウォッチ」があります。いろんな場面でタイムを測定します（詳しくは拙著『音読指導アイデア BOOK』をご参照ください）。タイムを測定するという一つの動作が入るだけで，生徒の活動への意識はガラリと変わります。しかし，タイムが悪くて劣等感を持つ生徒も時々います。

　私はタイムを測定するとき，それをプロジェクターなどで全員にわかるように示したりしません。それは「教師がタイムをコントロールできる」ようにするためです。例えば，「45秒以内に単語を何個言えるかな？」という活

動があったとします。毎回の帯活動などでしていた場合，45秒と言いながら，手元のストップウォッチでは「50秒」で計測していた，なんてこともよくあります。もちろん，生徒には「45秒ですごく言えるようになったね！」なんてほめます。これは素敵なウソだと私は思っています。

ついてはいけないウソ

　生徒がやる気になってくれるなら，上で示したような「時間」のウソはあってもいいのかなと思っています。しかし，「できていない」のに「できているよ！」とウソをつくのはいけません。「成長してるよ！」というコメントはいいかもしれませんが，できていない生徒に「できている」と評価すれば『これでいいんだ！』と生徒は誤った認識を持ってしまうからです。教育のためとはいえ，なんでもウソをついていいわけではありません。
　まとめると，

> ①継続して行っている活動で，「成長」を感じさせる場面
> ②「できていない」のに「できている」と思わせないこと

　生徒に与えたいのは「成長を感じさせること」です。『できている』と思わせるウソは結果として生徒の成長を妨げてしまいます。

要点チェック！

　教育とウソは，水と油のような関係であり，混じり合うことは難しいです。基本的にウソはまずいです。しかし，使いどころを間違えなければ，生徒のやる気を引き出すワザとして使えます。

指示に数字

抽象か具体か

　抽象的な指示と具体的な指示では，生徒の行動が変わります。「頑張りましょう！」で頑張れる生徒はいないと思いますが，「10分間で単語を30個覚えなさい」という指示ならば，みんな頑張ることでしょう。「具体的な指示をしましょう」と言うのは簡単ですが，実際に継続して行うことは難しいです。小学校の先生は具体的な指示が得意です。しかし，中学校や高校の先生方は具体的な指示というものをあまりしません。発達段階を考えれば，それが一番正しい方向性だとは思います。しかし実際問題として，その教師の抽象的な指示についていけない生徒が多くいることも事実です。発達段階を考えながらも「わかりやすい指示もできる先生」である必要があると思います。

指示には数字を

　具体的な指示の真骨頂は，**「数字を入れること」**です。例えば，音読で大きな声を出させたいと思った場合，「もっと大きな声で！」という指示よりも「２階に届く声で読みましょう」と言った方が，明らかに声は大きくなります。

　リーディングなどでも，「新出単語に線を引いて」と指示するよりも，「新出単語が７つあります。見つけてください」の方が，生徒はのってきます。「何個あるでしょうか？」というのも，数字の指示に入ります。

　説明などでも「今から３分間，集中して聞いてください。二つ大事なことを伝えます。一つ目は……」と数字を入れながら話をする方が生徒たちの集中力も高まります。

Chapter 1　規律ある環境が学力を伸ばす！授業に集中させる裏ワザ16

具体的な指示例

例	改善案
できるだけ早く提出しなさい	27日までに提出しなさい
授業の準備をしましょう	3点セットを机の上に置きましょう
机の整理整頓をしなさい	30秒以内で整理整頓をしなさい
ちゃんと音読しよう	30秒で最低2回は音読しよう
忘れ物をしないように	忘れ物を0にしましょう

Q：具体的な指示がないと動けない人間が育ってしまうのではないか？

　年度当初は具体的指示が多い方がいいと思いますが，3月まで続ける必要はありません。少しずつ抽象的な指示を増やしていけばいいのです。大事なのは『こんなぐらいはできて当然だ！』という姿勢を教師が持たないことです。理想はそうであったとしても，できないものはできないのですから，丁寧に段階的に指導していかなければいけません。

要点チェック！

　「指示に数字」というタイトルで書きましたが，その肝は「具体的な指示を出そう」ということです。ですから具体的であれば，数字が入らなくても OK です。生徒のやる気の引き出し方は，実はこういう指示の中にもあるのだということをお伝えしたかったのです。

わかりやすい指示の極意

わかりやすい指示の極意

　いくら入念に準備した授業であっても，いくらとっておきの教材を使った授業であっても，指示がわかりにくければ，生徒は授業をつまらないと感じてしまいます。そうならないように，私たちはわかりやすい指示を出す必要があるのですが，意外とこういう部分に無頓着な先生が多かったりします。指示の曖昧さが生徒を混乱させ，英語嫌いを育ててしまっているという可能性があることを，私たちは認識しなければいけません。

　わかりやすい指示とは，**誰にでも習得できる技術**です。次の2つの点を意識すれば，わかりやすい指示が出せるようになると私は考えています。

▎その1　一時一事の原則

　これは向山洋一先生のご提唱された原則です。「教科書の4ページを開いて，それをノートに写しなさい。それが終わったら，音読を2回して，その次に……」などという指示は，複数の指示を同時にしています。そうではなく，「教科書の4ページを開いてください。（確認）では，それをノートに写しましょう。（確認）」というように，**1回の説明に，やるべきことを一つだけ指示することを「一時一事の原則」**と言います。この指導は素晴らしく，生徒の動きが劇的に変化しますし，何より指示について来られない生徒がほとんどいなくなります。

　「時間がかかるのでは？」という疑問が出るかもしれませんが，テンポよく行えばそれほど時間はかかりません。何より指示についていけない生徒へのフォローを考えると，時間短縮になるのではと私は感じています。

Chapter 1　規律ある環境が学力を伸ばす！授業に集中させる裏ワザ16

その2　完了指示の原則

　この原則の意味は「何かの指示をして，完了したときのサインまで指示を出そう」ということです。簡単に言えば，「立って音読を3回しましょう。終わったら，座りましょう」というものです。この場合「終わったら，座りましょう」という部分が**完了指示**になります。この指示のメリットは，生徒が行動を迷わないということと，教師が「誰がまだ作業中なのか」ということを把握しやすくなるということです。特に，生徒が迷わない，というのは大きなポイントで，これが「わかりやすい指示」につながります。

少しずつ変化させていく

　いつまでも「一時一事」ではよくないかもしれません。社会に出れば，一時に複数の指示を出されることだって珍しいことではありません。ですが，何事にも段階的な指導が必要だと思います。少しずつ「一時二事・三事」など増やしていけばいいのですが，原則は「一時一事」だと思っています。

参考文献：『授業の腕をあげる法則』向山洋一著（明治図書）

要点チェック！

　極意とはいささかオーバーな表現だったかもしれません。しかし，それぐらい重要なことだということを伝えたかったのです。授業の準備や教材開発に力を入れるのであれば，指示の出し方にもこだわってみてはいかがでしょうか。「一時一事の原則」と「完了指示の原則」の2つを取り入れるだけでも，指示のわかりやすさは劇的に変化すると思っています。

言葉をキレイに

「え〜」をできるだけ言わない

　自分の授業を IC レコーダーなどで録音をしたことはありますか？　とっても勇気がいります（笑）。でも，ぜひ挑戦してみてください。自分の話力のなさに驚くかもしれません。少なくとも，私はそうでした。私の場合は「え〜」や「あの〜」という繋ぎ言葉が非常に多かったです。聞いていて，とても耳障りでした。しかし，このことを意識して他の先生の授業を見てみると，やはりこういった繋ぎ言葉を多用しすぎている方が非常に多いことに気付きました。「え〜」を言わないようにする，と決めるだけで，言葉はかなり洗練されていきます。余計な言葉が削ぎ落とされていることが感覚でわかることでしょう。洗練された言葉でつくられた授業は，**落ち着いた空間**になります。

無言の空間を恐れない

　教師は，教室が無言の空間になることを極端に恐れます。授業が開始されたら，とにかく何かを話し続けるし，生徒が活動中であっても，言葉をかぶせて話そうとします。リーディングで真剣に黙読しているときでも，「○○は前回のテストに出た単語だよ」などと机間巡視中に言い，生徒の読書を邪魔したりします。「話すことが好き」というよりも「無言の空間を恐れている」ように私には思えます。

　無理に何かを話す必要はありません。授業の中に，何も音がない時間があってもいいと思います。とにかく何か話そうという意識が，生徒の集中力を奪っている可能性があることを意識しなければいけません。

短く話す

　日本語であっても，英語であっても，1文が長過ぎると生徒は集中して聞き続けることが難しくなります。同じ情報であったとしても，できるだけ1文を短くして話すようにしてみてください。すると，授業が間延びすることなく，引き締まった感じになります。

授業の最初の言葉を意識する

　授業の一言目はどんなことを言っていますか？　ほとんどの先生はあまり意識していないのではないでしょうか。「はい，今日は，え〜っと，前回は8ページまでやったっけ？　じゃあ，今日は9ページからだね。はい，じゃあ9ページ開けて〜」こんな言葉でスタートしては，生徒は授業に魅力を感じてくれません。映画は最初の15分が重要であるように，授業も最初の教師の発言が重要です。**授業の一言目をどんな言葉でスタートしますか？**「教科書を開いて」という言葉を使わずに，教科書を開けさせる方法はありませんか？　そんなことを考えるだけでも，自分の授業を見直すきっかけの一つになります。

要点チェック！

　別項（136ページ）で「導入へのこだわりをなくせ」と書きました。ですが，授業の一言目にこだわると，生徒の目の色が変わります。教科書の開かせ方も同じです。小さな差に思えるかもしれませんが，積み重ねると大きな差になります。

授業にスパイスを与える「いきなり小テスト」

授業に持っていくべき必需品

　読者の皆さまは，授業に何を持っていかれますか？　授業に使うプリント
や教科書，板書ノートなどでしょうか。PC などを教室に持ち込んでおられ
る先生方も最近多くなってきました。もちろん，何を教室に持って行っても
いいのですが，B5半分の白紙などはいかがでしょうか？

つくり方

　つくり方は簡単。B5の紙を裁断機などで大量に半分に切るだけです。ファ
イリングをするなら，この段階で穴あけパンチで穴を空けておくこともい
いでしょう。紙は本当に白紙で十分です。クラス・番号や名前を書く欄も必
要ありません。何枚分つくるとかも関係なく，とにかく大量につくっておき
ましょう。

いきなり小テスト！

　授業には一定の刺激が必要です。同じようなテンポでずっと授業をしてい
ると，眠くなってしまう生徒が出てきてしまいます。そこで，用意していた
白紙を配り，次のように話します。

　「今日は，いきなり小テストをします。ルールは簡単。先生が『第1問』
といきなり言います。そうしたら，みんなは教科書やノートをすべて閉じて，
その紙に解答を書いてください。テスト範囲は『今日先生が授業で話したこ
と』からです。問題は突然出題されますので，今日の授業は気を抜けません

24

Chapter 1 規律ある環境が学力を伸ばす！授業に集中させる裏ワザ16

よ。全部で何問出すかも秘密です。では，今日の授業を始めましょう」

このように言って白紙を配り，授業をスタートします。できるだけユーモアを持って紹介することがポイントです。出す問題は，先生がその場で瞬間的に決めればいいのです。英語に関する中身や，ちょっと冗談めいた問題でもいいかもしれません。この活動のよいところは『今日は，生徒たちの空気が重いなぁ。そうだ！ いきなり小テストをやって気分を変えよう！』とその場の臨機応変な対応（思いつき？）で行うことができます。

白紙は他でも活用できる！

「いきなり小テスト」だけが白紙の活用法ではありません。日々の単語テストなどに使うこともできます。本書でも紹介しているLSD（64ページ参照）の活動や，発表用の原稿メモなんかにも活用できます。何かの意見を発表させるときに，まずは何かに書かせること（自分の意見を文字化すること）が重要だと私は考えているのですが，その場合にも活用できます。とにかく便利です！

要点チェック！

「いきなり小テスト」の肝は，その紙の準備にあります。紙は何にでも活用できるので，常に授業セットの中に入れておけば楽になります。しかし，その影響力は絶大で，いつでも授業にスパイスを与えることができます。準備が楽で効果が絶大なら，使わない手はないと思いませんか？

生徒が集中する授業設計

どんな授業だったら，生徒は集中するのか？

多くの先生方のお悩みの中に，「生徒の集中力が続かない」というものがあります。いくつかの項でご紹介させていただいている方法などを使って，強引に集中させることも可能ですが，授業設計そのものを変えてしまうことも効果的です。では，どんな授業設計だったら生徒は集中するのでしょうか？

①活動は細かい方がいい

一説によると，子どもの集中力は5分程度が限界だそうです。私も一授業者の感覚として，何となく『そうかも』と思うときがあります。そう考えると，10分の活動では，生徒たちが集中できない計算になります。しかし同じ10分でも，5分の活動が2つだったら，生徒は集中を継続させることができます。つまり単純計算で，5分の活動が10個あれば，生徒たちはずっと集中して授業を受け続けることができる，ということです。当然，そんなに上手くいくわけはありませんが，活動が細かい方が生徒たちは集中しやすいというのは，間違いないことだと思います。

②テンポは速い方がいい

授業のテンポは速い方がいいです。誤解しないでいただきたいのは，「テンポ」が速い方がいいということであって，「進度」が速い方がいいわけではありません。長方形に色を塗るとき，端っこから丁寧に塗っていくよりも，何度も塗り重ねることで塗り忘れをなくすようなイメージです。

26

Chapter 1　規律ある環境が学力を伸ばす！授業に集中させる裏ワザ16

「テンポが速いとついて来られない生徒がいる」という先生方がおられるかもしれません。しかし，彼らのスマホでの文字入力の速さを見てください。大人が驚くようなスピードです。ゲームをしているときの彼らの指の速さを見てください。私たちでは到底追いつくことができないような速度です。生徒たちは，**そういったスピード感の時代を生きている**のです。スマホが流行しだしたころから，生徒たちは「速いテンポ」を心地よく感じるようになってきました。情報でも何でもすぐに手に入る時代です。生徒たちは速い展開にはすぐに順応できます。しかし，遅いテンポのものにはなかなか順応せず，苛立ちを見せる生徒の方が目立ちます。テンポを速くすると，内容を理解しきれない生徒が増えるように思うかもしれませんが，進度を速くするわけではないので，何度も繰り返せばしっかりと理解できるようになります。

短い活動をいくつもテンポよく！

　まとめると，生徒が集中する授業設計は，**「短い活動がテンポよく展開されるもの」**と言えるかもしれません。多くの達人と呼ばれる先生方の授業は，これに該当していると思います。では，短い活動を毎日何個も用意しなければいけないのでしょうか？　そんなことはありません。準備が楽で，継続が可能な活動をいくつか持っておけばいいのです。同じ活動でも，一つの活動時間の短さとテンポのよさがあれば，生徒たちに十分な刺激を与えることができるので，「またこの活動〜？」というようなネガティブな印象を抑えることができます。

要点チェック！
　短い活動がテンポよく展開される授業は，生徒が生き生きしています。すべての授業でテンポが速くある必要はありませんが，基本的にはそういう授業の方が，生徒は集中します。本書でご紹介させていただいているワザは，基本的には「準備が楽」と「継続可能」というものです。ぜひ参考にしていただければと思います。

書き写しやすい板書づくり

板書計画

　指導案には「板書計画」というものがあります。しかし，最近の指導案にはこの項目が減ってきました。ICT の進化で，Power Point を中心に授業を進める先生が増えてきたことや，プリントをベースに進める先生が増えたからかもしれません。

　板書が必要かどうかの是非はさておき，私も年に数回だけ，生徒に板書をノートに写させることがあります。しかし，文字に慣れていない段階での板書は極力避けるようにしています。

首の上下運動……

　日本語で書かれた板書をノートに書き写すことと，英語の板書（単語や文章）をノートに書き写すことは，決定的に違います。ほとんどの生徒は，日本語のスピードのように，英語を書き写すことはできません。特に英語を苦手としている生徒にとっては，単語を1文字ずつノートに写すことが多いので，首の上下運動が多くなります。これが，生徒の集中力を奪うことにつながっていると私は思います。板書を書き写すことに生徒はだんだんと疲れてきて，気だるい雰囲気を教室内に出すかもしれません。また，1文字ずつ書く生徒は，板書を書き写し終わるまでの時間も他の生徒より長いので，教師の「はい，じゃあ書き終わったら，教

Chapter 1　規律ある環境が学力を伸ばす！授業に集中させる裏ワザ16

科書を開いてください」などの指示にもついていくことができず，だんだんと授業から置いてけぼりになってしまうかもしれません。こんなメカニズムで，「英語は嫌い」は生まれているのではないでしょうか。

英語を写すことは，一定のスキルが必要

　英語の板書を書き写させる前に，「単語の写し方」というものを徹底して指導しておく必要があります。その詳細は別項（47ページ）で書かせていただいております。そのようにして，まずは「単語の写し方」というものを生徒に指導し，習得させてから板書を書き写させるようにすることが大切だと思っています。そうしなければ，英語が苦手な生徒にとっては，首の上下運動の時間になってしまうかもしれません。つまり指導の順番がとても大事だと私は考えています。

板書をどうするか

　では，「板書はするな」ということになるのでしょうか。私はそうは思いません。板書はあっていいと思います。しかし，あまりに多い板書はいかがなものでしょうか。「英語」は実技教科です。国語や数学よりも，体育や音楽に近い科目です。では，体育や音楽で毎時間，何かの板書をノートに書き写しているでしょうか。おそらく，ほとんどの場合は違うと思います。板書は極力減らし，その結果生まれた時間を生徒の実技練習のために使おう，というのが私の主張です。体育や音楽の授業から学べることはとても多いです。

◆◆ 要点チェック！

　最近は，Power Point で授業を進める先生も増えてきました。Power Point でのポイントは，アニメーションをつけすぎないことです。黒板でも Power Point でも，「生徒が板書を書き写しやすいか」という視点を持って計画することが大切です。

29

座席アレンジメント

授業の空気を変える秘訣は座席にあり!?

　新学習指導要領の告示を受けて，教育界には「主体的・対話的で深い学び」が広がっています。「これまでの授業スタイルから脱却しよう」という意図がはっきりと見える表現です。「対話的」という表現からもわかるように，英語授業の中でもこれまで以上にペアワークやグループワークなどが増えてくることでしょう。そこでポイントになるのが「座席」です。

　生徒たちの話し合い活動が盛り上がるかどうかは，その「課題」が面白いものかどうかよりも，「誰と話し合うか」の方が生徒たちにとっては大きな意味合いがあります。話し合い活動はそれほど簡単なことではありません。授業者は特に，「いじめ」について配慮をしなければいけません。そういう事前情報もなしに話し合い活動を始めると，いじめが悪化した，なんてことにもなりかねません。

英語座席をつくろう！

　一般的に，教室の座席はそのクラスの担任が決めます。方法は担任の先生によって違い，くじ引きでランダムに決まるところや，班長に話し合わせて決めるなど様々です。また，席替えのタイミングも担任の先生によって決められることが多いです。つまり，せっかくペア活動が成立するようになっていたとしても担任が席替えをすれば，すべてリセットされてしまいます。

　私は，「英語座席」をつくっていました。英語の授業は，英語の座席で授業を受けてもらうということです。座席の決め方・席替えのタイミングなどは，すべて担任の先生のものとは違い，独立させていました。

Chapter 1　規律ある環境が学力を伸ばす！授業に集中させる裏ワザ16

英語座席の決め方

①年度当初，「座席は先生が決めます」と宣言します
②座席は「英語が得意な生徒」を偏らないようにします
③生徒指導的に気になる生徒は，前の方にします
④友達づくりが苦手な生徒は，「３人組」にします
⑤上記を踏まえて原案をつくったら，担任の先生と相談します
⑥男女ペアにするのは２学期以降（クラスの状況を見て）とします
⑦座席に問題があると感じたら，先生に報告するように伝えます

　特に⑤の「担任の先生と相談」というポイントは外せません。一番注意しなければいけないことは「いじめ」です。授業者が把握していない情報でも，担任の先生は必ず把握されておられるはずです。特に所属学年とは違う学年の授業に行く場合は，情報が入ってこない場合もありますので，このポイントは一番大事です。

要点チェック！

　英語座席をつくることで，話し合い活動は一気に加速します。英語はペアワークなどが多いですが，ペアの人間関係に配慮をしてあげる必要があります。座席の組み方にはいろいろと方法がありますが，英語が得意な生徒が苦手な生徒に教えてあげるような構造をつくるようにできるといいと思います。

プリント「不足」術

キーワードは「不足」

　ペアでの話し合い活動は非常に重要です。しかし，どうにも話し合い活動が盛り上がらない……なんてことはないでしょうか。私にはあります。

　有名なコミュニケーション活動にインフォメーションギャップ（Information Gap）というものがあります。これは，「お互いの情報の不足」を補い合う活動で，不足の状況があるからこそ，渇望（知的欲求）が生まれるという原理です。知的欲求を高めたいと考えたとき，不足している状況をつくりだすということは，とても効果的です。「不足」がキーワードです。

「困った感」をつくる

　生徒たちの学びが加速する瞬間は，「生徒が困ったとき」だと私は考えています。最近の生徒たちはスマホで何でも情報が得られるため「困った感」があまりありません。困った経験が少ないと私は考えています。『どうすればいいんだろう？』と考えたとき，生徒たちの学びは加速していきます。つまり，私たちは生徒を「困らせる状況」をつくればいいのです。そのために，「不足」という手法は使えます。

ペアでプリントは1枚だけ

　「困った感」をつくるために「不足」という手法は効果的に使うことができます。ここで紹介させていただくのは「超簡単」な手法です。それはペアでプリントを1枚しか配布しない，という手法です。プリントの内容にもよりますが，ペアで1枚しかプリントを配布しないことにより，ペアの距離が

近づき，話し合いが自然と生まれるようになります。

特に「答えのない課題」に効果的

　例えば，リーディング活動で「行間を読む」という活動があります（詳細は「教科書を何度も読みたくなる発問（80ページ）」）。この活動をさらに盛り上げるためには，配布するリーディング教材のプリントを1枚にすると，さらに盛り上がります。「ここってこういう意味なのかな？」「どうかな，この部分にこう書いてあるし，違う意味になるかもしれないよ」などの会話が生まれることが想定できます。一人一人にプリントを渡しても同じ状況になるかもしれませんが，私の実践ではペアで1枚の方が，話し合いは盛り上がります。もちろん，最後にはプリントを全員に配布するようにします。

要点チェック！

　「不足」の状況をつくりだし，生徒たちの「困った感」を引き出す。これが生徒たちの学びたい欲求を生み出すと私は考えています。こういう仕組みを頭に入れておくと，いろんな場面で使えると思います。プリント不足術もその例の一つです。

生徒の力を伸ばすテスト返却術

具体的なテスト返却プラン

　拙著『英語テストづくり＆指導アイデア BOOK』（明治図書）の中で，テスト返却の方法をご紹介させていただきました。コラムの中で書かせていただいたのですが，大きな反響がありました。ここでは，その詳細を書かせていただきたいと思います。

　私は50分授業の中で，以下のようなスケジュールで行います。

	時間	内容
①	2分	・リスニング問題の原稿を配る ・白紙の解答用紙を配る ・机を班の形にする
②	25分	・班で協力してもう一度取り組む
③	10分	・模範解答を班に1枚配る
④	5分	・教師の解説
⑤	5分	・テスト返却
⑥	3分	・採点ミスの確認

Chapter 1　規律ある環境が学力を伸ばす！授業に集中させる裏ワザ16

①のポイント　リスニング問題の原稿と白紙の解答用紙を配る

　机を班の形（ペアでもOK）にするように指示し，白紙の解答用紙を配ります。机の上には，筆記用具と問題用紙，それと白紙の解答用紙の３つがあります。その後，リスニング問題の原稿を印刷したものを配ります。リスニングの原稿を配ることにより，リーディング課題になります。原稿を見るとほとんどの生徒ができるようになります。時間に余裕があれば，原稿を読んだあとに，もう一度音声を流したりもします。

②のポイント　班で協力してもう一度取り組む

　白紙の解答用紙を全生徒に配り，「もう一度テストをしましょう」と言い，再度取り組ませます。そのとき，班の中で相談してもOKとして，わからない問題を教え合う時間にします。ルールは「答えを言ってはいけない。教えてもらって間違えていたとしても，文句を言ってはいけない」の２つです。答えを言ってしまうと，英語が得意な生徒に頼りっきりになってしまいます。
　また，メンバーで分担することも禁止しています。「教え合い」の状況をつくりたいので，班の全員で同じ問題に取り組むようにします。そうなると，全問を30分で解き終わることは難しいので，問題を限定します。特にミスが多かった問題や正答率の低い問題を中心にするようにしています。時間内に終わった班は，残りの問題に取り掛かるように指示しておきます。

③のポイント　模範解答を班に1枚配る

　模範解答を班で1枚配ります。そのプリントには解説は書かず，答えのみを書いておきます。班で1枚なのでみんなで見合う状況が生まれ，解説がないので，みんなで話し合いが始まります。どうしてもわからない（解説が必要な）部分があれば，教師を呼ぶように指示しておきます。困った状況の中で教師を呼ぶので，解説をすると「なるほど！」の声が響き渡ります。質問が多いところは全員にまとめて解説をしますが，「○番の問題を解説します。聞きたい人だけ体をこちらに向けてください」と前置きし，理解している班のところは先に進めるように自由度を確保しておきます。

④のポイント　教師の解説

　③のときとは違い，ここでの教師の解説は全員に聞かせるようにします。ただし，ここで行う説明は慎重になる必要があると思います。例えば，生徒同士の話し合いで理解した部分をもう一度説明する必要はありません。しかし，間違えて理解している部分には，正しい説明が必要になります。②や③の活動のときに注意して机間巡視し，どこの部分を解説すべきかを教師が慎重に見極める必要があります。

⑤のポイント　テスト返却

できるだけ，コメントを添えて返すように心がけています。名前を呼んで返却だけでは，ちょっと味気ないような気がするからです。テストの点を見て，歓喜する生徒や涙をする生徒など，本当にたくさんの反応があります。一生懸命に取り組んだ生徒たちに，一言温かい言葉を伝えることができる絶好の機会だと思います。テスト返却で一番大事な時間だと私は考えています。

⑥のポイント　採点ミスの確認

採点ミスなどがあれば，伝えるように指示します。私の場合，「この時間に伝えなければ，あとで見つけても訂正はできない」と説明し，集中して採点ミスがないかなどをチェックさせるようにします。

要点チェック！

テストは教師が時間をかけてつくっているはずです。いろんな思いや考えを込めてつくっているはずなので，たった1回しか使わないのはモッタイナイと私は考えてしまいます。テストは自作の最高の教材です。何度でも使えると思います。テスト返却でも徹底的に使い倒して，生徒の力を伸ばしましょう。

問題集を使って授業づくり

問題集で研究授業！？

　問題集を使っておられる学校はありますか？　何を持って問題集というのかはわかりませんが，問題集を使っている学校はそれなりにあるような気がしています。英語学習において「ドリル」は非常に重要です。問題集を解くことも，時には英語力を伸ばすのに大切だと思います。

　以前の勤務校で，私は研究授業を担当することになりました。そのとき「問題集を使った研究授業がしたい」と申し出ました。しかし，「研究授業で問題集を使うのはいかがなものか……」と一蹴されたことがありました。結局，そのときは教科書をベースにしたいつもの授業を公開したのですが，非常に残念だったことを今でも覚えています。問題集を扱った研究授業というのは，私の知る限りあまり多くはありません。しかし，問題集を授業で扱っている教師はそれなりにいるのではないでしょうか。つまり，ニーズは少なからずあると思っています。

問題集の取り組ませ方

　以下は，私が問題集を扱っていたときの取り組ませ方です。今の勤務校では問題集を扱っていませんが，それでも何かのワークに取り組ませるときは，これらの手法を使っています。長くすると集中力も続かなくなるので，全体が15分以内で終わるように問題の範囲を調整します。

　①まずは個人で解く（指定された範囲）
　②解き終わったら，手をあげる

Chapter 1　規律ある環境が学力を伸ばす！授業に集中させる裏ワザ16

③教師はチェックし，間違えている問題の数だけ伝える
　ポイント：このとき，どこの問題を間違えているかは伝えない
④全問正解した生徒は，教師役として机間巡視する
　ポイント：教師と同じように，間違えている問題の数だけ伝える
⑤教師役の生徒が増えてきたら，教師は英語が苦手な生徒を集中的に指導
⑥全体が終わったら，文章を音読　⇒　暗写

　教師が答えをチェックするとき，間違えている箇所を指摘せずに，間違えている問題の個数のみを指摘するようにします。そうすると，生徒はどこを間違えたのかがわからないので，1から全部を見直すようになります。これが学力を伸ばすのに非常に有効だと私は考えています。

問題集もアクティブに使いこなせる！

　「問題集を使った授業」と「活気のある授業」は，対極にあるような印象があります。しかし，**中身がつまらないものであっても，やり方を刺激的にすることは可能です**。問題集を使った授業であったとしても，音声指導を含んだ授業構成にすることは可能ですし，生徒同士が活発に学ぶ空間をつくることだって可能だと私は思っています。

要点チェック！

　教材は重要です。問題集ばかり使った授業はいかがなものかとも思います。しかし，教材は一人の教師の自由で選べないことも多いです。問題集を使った授業の研究，という視点も私は重要だと思っています。

指示・説明は１回

「ルール」よりも「ムード」

　「話を聴かない生徒が増えてきた……」と嘆いていらっしゃる先生方と出会うことがあります。別項（14ページ）の「話の聴き方３原則」でも書いたように，「聴く」ということはコミュニケーションの要の部分です。授業を一つのコミュニケーションに例えるなら，生徒が聴いてくれないということは，授業崩壊と同義かもしれません。

　では，どうすれば生徒は話を聴いてくれるのでしょうか？　私は，**生徒はルールで動いているのではなく，ムードで動いている**，と感じています。ルールを大事に守る生徒もいますが，大半の生徒はムード（その場の空気）で動いていることが多いのです。つまり，**「話を聴きなさい」とルールを押し付けるより，「話を聴こう」というムードをつくることの方が効果的である**，ということです。

指示は１回のみ

　教師はよく指示を出します。指示を一つも出さない授業など，おそらくほとんどないと思います。しかし，「指示」の中に生徒の学力を伸ばす要素があるわけではありません。「指示の先」にある動作の中に，生徒の学力を伸ばす要素があるはずです。つまり，指示の時間はできるだけ短くする方がいいわけです。しかし，指示が適切に伝わっていないと生徒が活動で混乱をする可能性があるので，教師は何度も丁寧に説明をするようになります。

　別項（20ページ）の「わかりやすい指示の極意」でも書いたように，わかりやすい指示は必要です。ですが，「何度も」指示を出す必要があるとは思

えません。指示にしても説明にしても,「1回」で十分です。

メリット

　まずは指示・説明の時間が短くなります。次に,「生徒が集中して聴く」ようになります。その指示・説明を聴き逃すと,先生はもうその説明をしてくれないわけですから,必死になって聴こうとする生徒が増えます。

具体的方法

　4～5月段階では,聴き逃してわからない生徒がいたら,「さっき伝えましたよ」ときっぱり伝えます。最初の段階で『本当に1回しか言ってくれないぞ』と生徒に思わせることが肝心です。ある程度の時期が来たら,指示・説明のあと「先生が言ったことをペアで話し合ってみて」

と伝えてペアで確認させるようにします。「今日はペアの窓側の人が話してください」などと付け加えれば,個人個人の集中力もさらに高まります。**人は人に説明することによって理解度が高まります**。ですから,ちょっとした指示・説明でも授業の空気を変える手立てがある,と私は考えています。

　この手法は「日本語」を想定していますが,「英語」での指示・説明でも同じようにできます。ただし,英語の場合はリスニング能力の問題もありますので,生徒が「わからない…」となっても,「さっき言ったよ!」などと,一概に叱ったりはできないと思います。

✓ 要点チェック!

　指示・説明は1回で十分です。特に日本語の指示・説明の場合は1回のみです。4～5月頃にそれを徹底すれば,「話を聴くムード」が教室に生まれます。一度教室にムードが生まれれば,あとは楽です。

生徒の意見は，生徒で解決

「補足」が奪う可能性

　生徒に何かの発言を求めたとき，生徒がこちらの思惑通りの解答を述べたり，または予想を大きく上回る意見が飛び出してくることがあります。授業者として至福の瞬間です。しかし生徒はまだまだ未熟ですから，言葉足らずであったり，まどろっこしい説明になってしまうことがあります。そんなとき，教師はついつい「補足」の説明を行ってしまいます。当然，プロである私たち教師の方が説明は上手ですし，意見も上手に広げることができます。しかし，無意識に行っているこの行為が，生徒には思わぬ方向で伝わっていることがあります。

ヒドゥンカリキュラム

　教師が「補足」の説明をすると，どうなるでしょうか。まず，生徒は教師の補足のみを聞くようになり，友達の意見を聞かなくなってしまう可能性があります。重要な意見などは，教師が必ず説明や補足をしてくれるわけですから，そこだけを聞いていたとしてもまったく問題はないかもしれません。また，せっかく重要な意見を言ったのに，先生に補足されてしまうと，生徒の中には『自分の意見を奪われた……』と感じてしまうこともあるようです。こんなことが続け

ば，手を挙げて発言しようとする生徒は減ってしまう一方です。

　逆に，「教師からの補足がない」ということは，さほど重要な意見ではない，ということを暗にメッセージとして生徒たちに発信してしまっているかもしれません。重要なこと＝補足する，であれば，補定がない＝重要でない，という公式が生徒の中に生まれてしまっているのかもしれません。このように，教えていないのに，そのようなメッセージを発信してしまっていることを，ヒドゥンカリキュラムと言います。

では，どうするか？

　教師が，生徒の意見を奪わないようにすることが大事です。こう言えばいいのではないでしょうか。

　「お，いい意見だね。今の意味みんなわかった？　ペアで話し合ってみて」

　このように指導すると，クラスは友達の意見をしっかりと聞くようになります。必要であれば，「○○くんの意見をまとめられる人？」と質問すれば，他の生徒への発表機会にもなります。また突拍子もない意見が出たとしても，ペアで話し合う時間をつくれば「きっと，○○はこんなことが言いたかったんだよ」といろんな解釈が出てきます。教師には理解できなくても，生徒同士には理解できる意見もたくさんあるものです。

⚜ 要点チェック！

　授業は生徒が主役です。しかし，ついついその主役の座を教師は奪ってしまいがちです。私も反省することが多いです。ですから，「生徒の意見は，生徒で解決」ということを常に意識しておけば，教師がしゃべりすぎないようになるのではないかと思っています。

Chapter 2

技能別でよくわかる！

授業を成功に導く指導の裏ワザ37

コツの伝授で意欲 UP！単語・文法指導の裏ワザ

単語の勉強方法を指導

単語の勉強方法を教える

　生徒が考える「ちゃんと勉強する」と，教師が考える「ちゃんと勉強する」は，違うことが多々あります。顕著なのが「単語勉強」です。「何度書いても覚えられない……」という生徒は，ノートに間違いを何度も練習していたりしますし，下手をすれば「日本語訳」を何度も書いて勉強している生徒だっています。ですから，正しい単語勉強の方法を指導しておく必要があります。私は右のページにあるようなプリントを使って，中高生には単語の指導を行っていました。

　単語力は英語力の基礎であり，基盤であると言われています。単語の勉強方法を教えることは，「英語の勉強方法を教えること」とほぼ同じです。見せて，聞かせて，声に出させて，書かせる。つまり，**4技能を使って覚える**ように指導することが大切だと私は考えています。

要点チェック！

　単語を覚えることを「根性論」で片付けてはいけません。効果的な方法は必ずあります。単語が苦手な生徒には寄り添って，「正しい勉強法」を一緒に模索する姿勢が大切です。

Chapter 2　技能別でよくわかる！授業を成功に導く指導の裏ワザ37

最強の単語の勉強法

　ただ闇雲に単語を書くだけでは、良い結果は得られません。「正しく言えれば、正しく書ける」ということを大切にしましょう。まず、その基礎を身に付け、あとは何度も練習すること。単語を覚えることは、「英語力が伸びること」と比例します。

ステップ1

　まず、文字が表している音を意識しながら、ゆっくり読む。音源があれば、それを聞く。

$$uniform \Rightarrow u + ni + fo + r + m$$

ステップ2

　次に、単語全体とその表す音とを一緒に「目に焼き付ける」つもりで読む。

uniform

ステップ3

　読めるようになったら、*単語は見ない*で、文字が表している音を*発音しながら書く。*

ステップ4

　書いた*直後につづりを確認*する。*手本と見比べ*て、ていねいに点検する。*書きっぱなしにしない。*

ステップ5

① 間違っていなければ、身に付くよう、さらに3～4回ぐらい書く。これも、すぐ確認する。もちろん*発音しながら*です！
② 間違っていたら、間違っていたポイントを分析する。書けるまで、やり直し！
③ ここまで来たら、あとは練習あるのみ！　この手順を守って何度も練習しましょう。
④ 覚えたら、3日後にもう一度テスト　→　①に戻る

　でも、本当に大切なのは、「覚えたい！」という強い気持ちで、1つずつ単語を一生懸命に書くことです。軽い気持ちでは、100回書いても覚えられません。1つずつに気持ちを込めて、練習することが一番の近道だと思います。

単語・文法指導

リスニング

リーディング

スピーキング

ライティング

47

３つの技能のチェック表

単語能力の３つの技能

　「単語ができる」「単語を勉強する」，こんな言葉を生徒たちはよく使います。しかし，「単語ができる」とはどういう状況を意味しているのでしょうか。このことに対して，生徒は無意識であることが多いです。単語には大きく分けて，次の３つの技能があると私は考えています。

> ①発音
> ②意味理解
> ③スペリング

　つまり「単語ができる」とは，発音ができる，意味を理解することができる，正しくつづりを書くことができる，という３つの技能があることを，生徒も教師も共通認識しておく必要があると思います。

単語リストの新しい形

　私の場合，単語の導入や練習などには「単語表」を使っています。しかし，従来の単語表では，英単語と日本語訳，それに品詞が書いてあるようなものが一般的だったと思います。しかし，その表が「英語ができる」という定義を生徒たちに間違って与えている原因の一つではないかと私は考えています。そこで単語リストに一工夫を加えて，以下のような表を配布するようにしています。

Chapter 2 技能別でよくわかる！授業を成功に導く指導の裏ワザ37

単語	発音	意味	スペリング
answer	☐	☐ 答える・電話にでる	☐ (　　　　　)
ask	☐	☐ 質問する・たずねる	☐ (　　　　　)

　私の場合，このような形で一覧表を配布しています。それぞれの技能のところに，☐のチェックボックスをつくっています。生徒が「できる！」と判断した部分に✓を入れていくシステムです。単語リストをこのような形で配布しておくと，生徒たちの「単語ができる」という定義が，3つの技能に向かっていくようになります。スペリングのところには，「書いて練習」というよりも「テスト」という意味付けにしています。

要点チェック！

　ポイントは，「単語ができる」とはどういう意味を示しているのか，ということを生徒が理解していることです。「単語を勉強する」と生徒はよく言いますが，結局は意味を覚えるだけで終わっていることが多いです。このことの意識を変えるために，この単語リストは効果的だと思います。

蛍光ペン＆赤ペンで単語指導

「わかる」と「できる」は別レベルである！

　わかっていても，できないことはあります。わかりやすい例をあげましょう。私たちは「あいさつ」を大事にしなければいけません。是非は別にして，私たちはそのように教育を受けてきました。つまり，「あいさつは大事である」ということを私たちはわかっているのです。しかし，誰にでもしっかりとあいさつをしているか，と聞かれれば「できていません」と答える人の方が多いのではないでしょうか。理由は様々であれ，わかっていても，できていないのです。

　英語学習に置き換えて考えてみましょう。私の仕事は英語教師です。中学３年生には「現在完了」というものを教えます。「過去形なのか現在完了なのか」という区別の部分で難しい面はありますが，基本的に文法構造はそれほど複雑なものではありませんので，比較的『得意！』と思っている私の生徒は多かったです。しかし，即興で話すスピーキングテストなど（もしくはライティング）を実施したとき，現在完了を使って自己表現する生徒はほとんどいませんでした。高校生になるとようやく使用率も少しずつ増えてきて，大学生になると割とよく使われるようになってきました。

　これも「わかる」と「できる」が別レベルにあることを示した例だと思います。そして，大事なのは私たち教師が生徒に求めているレベルは「できる」であるということです。

２段階チェック学習

　『英語を勉強しよう！』と生徒が思った場合，ほとんどの生徒が単語学習

Chapter 2 技能別でよくわかる！授業を成功に導く指導の裏ワザ37

から始めます。単語が重要であることは言うまでもありませんが，単語学習においても，「わかるレベル」で終わってしまう学習でいると，いつまでも使えるようにはなりません。ですから，覚えた単語を「使えるレベル」まで鍛えることが大事です。方法はいろいろありますが，大切なことは「生徒に意識をさせる」ということです。そこで，私は以下のようにチェックさせています。

1．単語の意味は覚えた
　　⇒　蛍光ペンでハイライト
2．アウトプットの中で使うようになっていた
　　⇒　ハイライトの上から赤ペンで○

このように「わかるレベル」なのか「使えるレベル」なのかを区別するために，蛍光ペンと赤ペンで一目瞭然の状態にしておきます。これを「見える化」と言います。このように見える化することで，常に2つのレベルを意識させておくようにしています。

要点チェック！

単語学習は，覚えるだけで終わらないことを生徒も教師も共通認識をしておく必要があります。意味を覚えたら，文脈の中に組み込まれたもの（例文）を音読し，自分の体に単語を染み込ませるように指導して，徹底することが大切です。

品詞別単語プリント

1レッスンごとの単語プリント

　単語プリントをつくられる先生方は多いように思います。私の知る限り，多くの先生方は「1レッスンごと」に単語プリントをつくられているように思います。私もそうでした。しかし，自由英作文などのアウトプット活動を行うときに，こういった単語プリントをまったく活用していない生徒の現状に気付きました。何の単語がどのレッスンに使われたのか，など普通の生徒は覚えているはずがないからです。これは私自身が「教科書に縛られた授業」を生徒に受けさせているためだと思い，深く反省した経験があります。

品詞別にリストアップ

　そこで私は，一年間で教科書に出てくる進出単語（それ以外にも使いそうな単語）をすべてリストアップしました。そしてそれらを「品詞別」にまとめました。もともと，品詞の名前などをあまり覚えさせたりはしないのですが，「名詞」「動詞」「形容詞」の3つに分類して一覧化しました。その他の品詞に関しては，適宜指導するようにしました。具体的な表は「①単語②意味③スペリング」のチェック表（49ページ）をご参照ください。

効果

　まずは生徒に品詞の感覚がつくようになりました。もちろん，名詞と動詞と形容詞だけです。しかし，この3つが分類できるようになれば，語順指導などがずいぶんと楽になりました。説明のときに品詞の名前は使いませんが，語順指導のときに「○○プリントに載っている単語がここに入るよ！」など

と表現することができるようになり，生徒の理解度がずいぶん上がったような気がします。

正頭流の単語プリント

ここまでが，私が提案する単語プリントです。3つの項目（48-53ページ）を使って説明させていただきましたが，すべて同じ内容です。できれば，年度当初の授業で，一年間で使う単語プリントを配布して，ことあるごとに参照させる「辞書」のような使い方をすることが大事だと思います。

余談になるかもしれませんが，これからは情報があふれる時代です。『情報がほしい！』と思う経験は，生徒たちはほとんどないでしょう。そんな時代ですから，大切なのは情報を常に参照しようとする姿勢を育成することだと思います。「情報活用能力」と表現されるかもしれません。

要点チェック！

よくあるご質問の中に，「単語の指導はどうされていますか？」や「単語がなかなか定着しないのですが……」などの単語に関係する内容が大変多くあります。単語の指導は重要です。4技能の根幹になる部分でもあるので，単語をおろそかにしては，どんな活動も成立が難しいかもしれません。単語の定着には，スパイラルな活動が必要です。その意味で，「使い捨て」ではなく，「何度も目に触れる必然性」があるような単語プリントに工夫する必要があるのではないでしょうか。

必要以上に定着を求めない

「苦労して教えたのに，定着しない……」

　いろいろな先生のお悩みの中に，「なかなか定着しなくて……」というものがあります。丁寧に，工夫して，何時間もかけて授業したのに，まったく定着していない……なんてことはよくあることです。私も数えきれないぐらい経験してきました。そこで感じたことは，「定着には時間がかかるんだな」ということです。

　自分の経験談と照らし合わせてみたらよくわかると思います。私の場合はですが，中学3年で「現在完了」を習いました。しかし，当時の自分が自然に使いこなせてはいなかったと思っています。アウトプットの中で自然に使えるようになった，つまり定着したな，と感じたのは大学生ぐらいでした。

定着には時間がかかる

　定着には時間がかかります。そうであるならば，割り切ってしまったらいいのではないでしょうか。定着を求めて，何度も説明したり，ゲームをしたりすることよりも，先に進んでしまって，時々戻ってきてもう一度その項目に触れるようにカリキュラムを設定してしまった方が，生徒たちの定着がより進むのではないかと思っています。私はこれを「スパイラル型カリキュラム」と呼んでいます。

「困った感」を生徒に与える

　「蛍光ペン＆赤ペンで単語指導」の項（50ページ）でもお伝えしましたが，「わかる」と「できる」は別次元の話です。ですので，最初に触れさせるの

は「わかる」レベルで十分と割り切ってしまい，指導を終えます。そしてしばらく日数を置いてから「覚えているかな？」という感じでワークなどを取り入れます。そうすると生徒は「何だったっけ？」となり，混乱が生まれると思います。しかし，一度は教師が「わかる」レベルまでは教えていることなのですから，思い出すこともそれほど時間はかからないでしょう。つまり，エビングハウスの忘却曲線に基づいて定着を図る，ということです。

定着のためのプロセス

「覚える」→「忘れる」→「思い出す」

というプロセスを何度も繰り返すことが，早い定着につながっていくことになると思っています。そして**そういった状況を意図的につくりだそうとする**ことが「スパイラル学習」の肝だと考えています。なにより，生徒が教えたことを忘れたとき，『何度も教えたのに……』と落ち込むより，『チャンスが来た！』と思える方が，教師の精神衛生的にも有益だと思います。

要点チェック！

定着を必要以上に求めないことが，大胆な授業改善のために必要な発想だと思います。もちろん，最終的には定着させたいのですが，その日の授業，その単元の中だけで定着させる必要はありません。もっと長い目で見ることが重要だと思います。

キーセンテンスはリスト化して帯活動

キーセンテンスをリスト化して，4月に配布

　教科書の中には難しい内容のものが含まれていることもあります。教室内の学力も様々ですから，ある生徒にとっては簡単でも，ある生徒にとっては難しいという状況も多々あります。レベルの高い生徒には高い生徒なりの，低い生徒には低い生徒なりの成長を与えるのが教師の仕事ですから，何も統一された授業を行う必要はない，というのが私の考え方ですが，それでも教科書のキーセンテンスぐらいは，生徒全員に暗唱させたいものです。

　そこで，年間のキーセンテンス（教科書のもの）を一覧表にして，4月に配布するようにします。載せる情報は，日本語訳とキーセンテンスのみです。文法事項の解説などは，その単元がきたら説明することとし，文法解説などは　切載せません。

リストの活用

　リストにして配布すると，今度は毎時間の帯活動に組み込むようにします。帯活動とは，授業の最初に短時間行うルーティン活動のようなものです。私の場合は，以下のような手順で帯活動に組み込んでいました。

　①1文ずつ音読する（それぞれ1回だけ）それを毎時間繰り返す
　②ある程度文章に慣れてきたら，日本語だけを見せて音読する
　③グルグル活動に取り組む
　④キーセンテンスを使った創作ストーリーをつくる

具体的方法

　①の音読ですが，私の場合はモニターに英語を見せて，各文を1回ずつ音読させます。教師の模範音読を繰り返す形です。毎時間繰り返すので，1回の授業で何度も同じ文章を読ませたりはしません。もちろん，導入の初回だけは丁寧に発音指導をします。

　②は同じく，モニターに日本語を見せて，英語を言わせます。教師が英語の音読をしたあとに繰り返す形です。慣れてきたら，生徒だけで言わせます。

　③のグルグル活動ですが，クラスを円に並ばせて内側を向かせます。教師がその円の中に入り，一人ずつ暗唱をチェックしていく方法です。「グルグル」するのは教師です（笑）。40人学級であっても，1文の暗唱であれば，一人当たりのチェック時間も3秒程度ですので，比較的効率よくグルグルできると思います。また，発音などのチェック項目なども与えれば，より難易度の高い暗唱テストにもなるので，調整することが可能です。

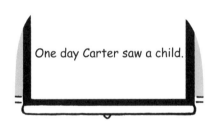

　④の方法に関しては，別項（122ページ）の「つまらないキーセンテンスを輝かせる」で詳細を書いています。

要点チェック！

　キーセンテンスの定着・暗唱は，絶対にやらせたい内容の一つだと私は考えています。しかし，授業で扱うだけでは，12月頃には4月のセンテンスを忘れてしまっています。ですから，時間をかけてじっくり生徒に浸透させていくような工夫が必要だと思っています。

「教えたい病」を増殖させる

ラーニングピラミッド

　右の図は「ラーニングピラミッド」と呼ばれるものです。生徒に学んだことを定着させようと思ったとき，教師が「教える」だけでは定着率は低く，生徒が「学んだことを誰かに教える」ということをすれば定着率は90%まで上がるということを示した図になります。

　このラーニングピラミッドには，多くの批判もあります。本書ではその賛否を問うことはしませんが，私の実践の感覚だけで言えば，「学んだことを誰かに教える」という行為は，かなりの定着の深まりを生んでいると感じています。ですから，私は授業の中に「友達に教える時間」をつくるように意識しています。（もちろん，毎時間ではありません。）

「教えたい病」を増殖させる3つのポイント

　文法指導や問題などに取り組ませるとき，教え合いはすごく便利です。しかし，「教え合いなさい」という指示だけでは，上手く行きません。教え合いの指導を成功させるポイントは，①強制はしない，②人に教えることのメリットを生徒が知っている，③教わる側に指導を徹底している，この3つだと思います。教え合いで失敗しているパターンは，助け合うことを「強制」していることが多いような気がします。私たちは教師ですから「助け合うことの美学」みたいなものを持っています。しかし，「強制」された環境下でのその美学は美しくないですし，何より生徒の反発をくらうだけだと思います。「教え合い」をしたくない生徒の気持ちも理解しなければいけません。そういう生徒には，「発展問題のプリント」を用意して，取り組ませるよう

にします。長い時間をかけてアプローチをすることが大事です。いつか必ず「手伝うよ，先生」と声をかけてくれる瞬間があります。

　とりわけ，一番重要なのは②だと思います。私の場合，「ラーニングピラミッド」の説明を５月ぐらいの授業で行い，教え合いの時間にはピラミッドの図を教室に貼り付けるようにしています。生徒が価値を感じることが重要ですし，何より「教えてくれている生徒」を教師が大切にする姿勢を示さなければいけません。これは③の指導にもつながると思います。「教えてくれている生徒」が損をしたり，嫌な気分になる環境は絶対に排除する必要があります。逆に言えば，「得」を感じるようにすることが重要になります。私の場合，中学生には**「特別バッヂ」**と**「任命書」**を渡していました。子ども騙しのようですが，意外と効果は抜群でした。そこに価値が生まれるようになると「教えたい病」が増殖するようになり，教師はゆっくりと理解の遅い生徒の指導にあたることができます。放課後の補習の時間も減ります（笑）。

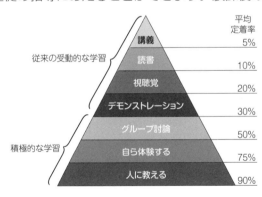

要点チェック！

　子ども同士の「教え合い」の時間は，教師が熱心に教えるよりも効果は抜群です。私が生徒に与えるルールは**「答えを言ってはいけない」**ということです。このルールがあると，生徒は教えるときにいろいろと工夫するようになるので，より定着度が深まります。

「わかった」を実感させる！リスニングの裏ワザ

積極的日本語活用論―All English の活用法―

All English で生じる混乱

　私は年に数回，必ず授業を見学させてもらうようにしています。他の学校であったり，校内であったり，他教科であったり。英語の授業を参観させていただくと，「公開授業」をやられるようなクラスでは必ず All English で授業を行っています。それが今の主流なのでしょう。少し前なら珍しかったかもしれませんが，今では当たり前のようになってきました。大筋の流れは私も賛成です。しかし，それによる混乱が生じているケースを私はよく見ます。

　ある授業で，先生がゲームのルール説明を英語で行っていました。ルールが少し複雑だったため，一度の説明では生徒が理解できなかったようです。そのことを察した先生は，ジェスチャーや実際に自分がやってみるなどのモデルを示して，英語のみで説明を徹底していました。かかった時間は5分。そしてゲームがスタートすると，多くの生徒が横の生徒にコソっと「どうするの？」と聞いていました。一生懸命にわかったフリをしていたんだろうなぁと思いました。

　説明に時間がかかる。その結果，肝心の活動の時間が減る。活動の質が下がる。そんなことがよくあるような気がします。

Chapter 2　技能別でよくわかる！授業を成功に導く指導の裏ワザ37

このような経験は，私にもたくさんありました。ですから，この先生の気持ちは痛いほどよくわかりました。

肝心なのは活動の量と質

　この授業における一番大事なポイントは，「活動の量や質」であったはずです。ルールの説明を英語で理解できることではなかったと思います。そうであるならば，**ルール説明などさっさと日本語でやってしまえばよかったの**です。そこを短時間で終わらせ，少しでも次の活動の量と質を上げることにつなげることが大事だと思います。それを私は**「積極的日本語活用論」**と名付けています。

日本語で短時間で説明して，活動時間をつくる

　All English という流れが生まれ，「すべて英語で授業をしなくてはいけない」という空気が生まれるようになりました。もちろん，1 回の授業の90%以上は英語であるべきだと思います。しかし，そのせいで物事の本質を見誤ってしまっては本末転倒です。生徒の英語力を伸ばすための All English であり，教師の達成感や自己満足のための All English ではありません。**日本語で短時間で終えられる説明は，積極的に日本語を活用し**，残った時間を英語トレーニングに活用することが大切だと考えています。ただし，「短時間」がポイントです。日本語でダラダラと説明しては，それこそ本末転倒です。

❤ 要点チェック！

　ゲームの説明などは，積極的に日本語を活用しましょう。英語での説明の半分の時間で終わらせることができます。そうやって生徒の活動時間を多くつくってあげることが大事だと思います。聞くことに価値がある「オーラルイントロダクション」などは，英語で徹底することも大事です。何が重要なのかを見極める必要があります。

単語・文法指導

リスニング

リーディング

スピーキング

ライティング

61

聞き分けトレーニング

最低限，身に付けさせたい音

rとl，vとb，sとshとth，aとu，などの音たちは聞き分けることが難しい音ですが，必ず身に付けさせたい音だと思っています。英語初心者にはrockとlockの音の違いを聞き分けることは難しいです。しかし，ピンチはチャンスの発想です。難しいことは，楽しいチャレンジに必ずつながります。

こういった音を聞き分けるトレーニングは，最初が肝心です。「最初」というのは，中学入学時を指すわけではありません。その年度の最初を指しています。中2でも中3でも高校であっても，音のトレーニングに「遅すぎる」ということはありません。もちろん，早い時期の方がベターではありますが，遅すぎる・手遅れということはないのです。

聞き分けトレーニング：ジャンケンサイン

教師がrとlの違いがわかる単語（例えばrapとlap）をいくつか準備し，生徒に音の違いをデモンストレーションします。ある程度理解が浸透したと思ったら，教師が「どちらかを言います。rapと思ったら，グー。lapと思ったらパーを出してください」と指示します。そのあと，教師はraの音（またはla）を強調しながら，

ra, ra, rap

と言います。生徒はその後にグーかパーかを高くあげます。ただのゲームで

すが，聞き分けるということに対して，生徒は非常に燃え上がります。「わからなかった場合は，チョキを出してください」とでも指示しておけば，参加率はもっと上がります。

聞き分けトレーニング：ペアワーク

　聞き分けがある程度できるようになると，「言い分け」ができるようにしなければいけません。ペアを組み，後ろの人が単語（例えば sink と think など）のどちらかをペアに向かって言います。s であれば右手をあげる，th であれば左手をあげる，と決めておき，言った人が発音した方の手をあげます。聞いた側の生徒は，s と聞こえたら右手をあげて，後ろのペアの生徒と同じ手があがっていれば成功，というゲームです。

　このゲームは教師が机間巡視を積極的に行いながら，後ろの人の発音が間違っていないかをチェックしていきましょう。また，このゲームに取り組む前に十分に全体で発音のトレーニングをしておく必要があります。

要点チェック！

　聞き分けトレーニングは，かなり盛り上がります。これをしっかりトレーニングしておくと，リスニング力が飛躍的に伸びます。さらに，テスト問題にもそのまま使うことができます。詳しくは拙著『英語テストづくり＆指導アイデア BOOK』（明治図書）をご参照ください。

盛り上がって準備が楽な LSD

Last Sentence Dictation

　有名な活動ですが，効果が高く，準備も非常に楽なので，私はよく活用しています。これほど費用対効果のよい活動も珍しいのではないか，と思ってしまうぐらい素晴らしい活動だと思います。教科書の任意のページを教師が読み上げ，ある文章のところでストップします。生徒は教師の音読を黙って聞き取り，ストップした最後の文章を書く（Dictation）活動です。

　私が行っている具体的方法は以下の通りです。

①前時の最後に，ページを指定する
②チャイム開始１分前に教室に入る
③生徒に短冊形の小さい用紙を配布する
④生徒の机の上には筆記用具と紙のみを出し，教科書は閉じる
⑤開始のチャイムと同時に，前時に指定したページを音読する
⑥適当なところで，音読を止める
⑦教師が止めた「最後の文章」を書く
⑧解答用紙をペアで交換し，教科書を開いて採点
⑨１単語，１点として採点　→　回収
　　ex）The book made me sad.　なら５点満点となる

　この活動を授業の冒頭にすることが定着すれば，休み時間の10分間に教科書を開いて勉強（テスト対策）する生徒が増えます。休み時間に勉強するという文化が定着すると，学力は一気に高まります。

生徒への言葉がけ

　休み時間に教室に入り，「お，○○くんが勉強している。素晴らしいねぇ。最初に何があるかちゃんと理解しているんだね」と大きな声でつぶやきます。このとき，「はい，みんな最初にテストがあるよ！　しっかり勉強しておきなさい！」と強制しないことがポイントです。強制すると，休み時間が「授業」になってしまいます。これは反則だと私は考えています。あくまでも「つぶやく」です。その結果，他の生徒が動き出さなくても，イライラしたり，指導したりしてはいけません。つぶやく，に留めておきましょう。しかし，不思議なことに，この方法の方が，生徒も気分よく勉強に取り組んでくれるし，多くの生徒を巻き込むことができます。また，褒められた生徒も嬉しいものです。

　またいつも満点を取っている生徒に，授業内でインタビューをしてみるときもあります。「いつも満点だね。どうやって勉強してるの？」と聞くと，それぞれの方法を答えてくれます。このようにして，**勉強方法のシェア**をすることも中学生や高校生には非常に重要だと思っています。

要点チェック！

　LSD の活動ですが，教師の英語力（発音力）が求められます。あまりにひどい発音であれば，この活動は有害になりかねません。CD を使えばいいのですが，活動のフットワークの軽さ，を求めるのなら，やはり教師の声で行う方がいいでしょう。教師自身のトレーニングも意識しなければいけません。

画像活用術

「うちの生徒には理解できない……」

　高校での All English が始まり，中学でも同じように始まっています。All English の指導に対しては，いろんな意見があります。賛成・反対は別にして，「うちの生徒には難しい……」とお悩みの先生もいらっしゃることでしょう。確かに，生徒のレベルによっては，すべてを英語で授業を進めることは難しいかもしれません。しかし，All English で進めようという空気がある以上，ジレンマに立たされる先生方も多いのではないでしょうか。

ICT の進化の活用

　教室内における ICT の進化はどんどん進んでいます。地域によっての格差も問題になっていますが，全国的にそれなりに進んでいるなぁと私は感じています。これを利用しない手はありません。私は，小学生に授業をしています。All English で行います。「私立だから……」という声もあるかもしれませんが，時々公立小学校の子どもたちに飛び込み授業のようなものをさせていただくこともあります。そんなときも All English で授業をするのですが，やはり難しい場面があります。そうした場合，私はパワーポイントなどを使って，話す内容に関連する画像を用意して，画像の説明をするように英語でオーラルイ

ントロダクションをすることがよくあります。

　画像を見せるだけで，子どもたちのリスニングの理解度はグッと上がります。画像から『何の話をしているのだろう』と推測が生まれ，教師の話している英語の単語を拾い上げようとし，ある程度の合致が生まれると理解できるからです。

　ICT を利用すれば，画像の準備は簡単です。ネットで検索して，それを貼り付けるだけです。著作権に気をつける必要はありますが，フリー素材でも十分に対応できると思います。わずかな準備時間で準備し，生徒の理解度を上げることができるので，非常に便利です。

リスニング力を上げるために

　画像を見せながら話せば，生徒の理解度は上がります。それは All English の空気をつくることにも貢献しますが，生徒のリスニング力の向上にも貢献します。ポイントは，**徹底的に「量」を与えること**です。画像を見せることで理解度が上がるわけですから，教師は英語をゆっくり言ったり，要所で日本語の補助を入れる必要はありません。もしも理解していないな，と感じるのであれば，スピードを落とさずに，違う表現で英語を言うようにします。理解度の向上を「量」でカバーするという考え方です。画像を見せて，日本語を使ってしまうのであれば，何も意味がありません。生徒はある程度理解できている内容であれば，多少インプットの量が多くても楽しんで聞くことができます。**インプットを大量に与えるための画像の補助**，という考え方です。

要点チェック！

　ICT の進化は，凄まじいものがあります。これを上手に利用していくことが重要だと思います。画像の活用は一つの例でしかありません。もっと活用できる場面があります。どんどん活用していきましょう。

リスニングパズル

リスニングパズルとは？

　「リスニングパズル」という活動は，**「ディクトグロス」**が正式な名前ですが，私は生徒にわかりやすいように「リスニングパズル」と呼んでいます。この活動にはいろんな方法があるのですが，ここでは私の方法をお伝えします。

方法：リスニングパズルのやり方

　ある英文（一定の量があるもの）を読み上げ，それを全文ディクテーションさせます。つまり，単語や文レベルの書き取りではなく，パラグラフレベルでの書き取り，ということです。個人での活動よりも，グループで活動させることの方が望ましいと思います。

　事前に「今日の文章は，５文ぐらいあります。○回しか読みません」と回数を指示しておきましょう。そして，開始前に必ず「作戦タイム」の時間をつくります。すると，グループの中で役割分担が自然と生まれます。そういった意味でも「作戦タイム」は欠かせません。一度目の読み上げと，二度目の読み上げの間には，５分程度の間を空けます。その時間に答えをつなぎ合わせたり，相談したりするように促します。

　教材は他社の教科書を使います。教科書の英文の質は，非常に高いです。しかし，リスニングパズルの活動の性質上，既知の英文では成立しません。そのため，私は他社の教科書を使用しています。今教えている文法項目と同じものを選ぶこともできるので，便利です。読み上げる文章の量により時間を調節することができます。私の場合，教科書１ページ分をリスニングパズ

ルにすることもあるので，活動時間は15分程度は確保しています。

効果：文法チェックの能力が高まる

「ディクテーション」というと，リスニングの活動というイメージがありますが，リスニングパズルに関してはそれだけではありません。実は「文法チェックの能力が高まる」というおまけがついてきます。私の場合，この活動で読み上げる回数は，3〜5回までです。当然，その回数ですべてを書き取ることはできません。ですから，**頭に残った意味内容から英文を再現する**，という思考回路が生徒の中に生まれます。このときにグループワークにしておくと，グループの中でつくった文章の相互チェックが勝手に始まり，「これは単数形じゃなかった？」などの会話が生まれます。

注意点：英語が得意な人任せにならないように

この活動の注意点は，グループでさせるときに「英語が得意な人に任せてしまう」という現象が起きることです。私の場合，「得意な人は１人でやりましょう。苦手な人はグループでやりましょう」と得意・不得意を自己申告させて，グループ分けをしたりします。意外と「１人でやりたい！」というチャレンジャーは多いものです。

要点チェック！

時間がかなりかかる活動ですが，授業のレパートリーに一つあると便利です。準備もほぼ必要ないので，突然の授業でも対応できます。

リスニング4段階勉強法

「テスト」と「トレーニング」の境界線

　昔からある批判ですが，リスニング問題に何度も取り組ませることが，リスニングトレーニングと言えるのでしょうか。テストを何度も行っても，それはトレーニングではありません。しかし，テストをトレーニングに昇華させる方法はあります。私はそれを4つに分類し，生徒のレベルに応じて指導を変えています。

4段階勉強法

　まずは，リスニング問題を解き，答え合わせをします。このとき，日本語訳やスクリプト（本文の原稿）などは見せないようにします。答え合わせを終了したら，それぞれの問題をパターン1からパターン4までのどれかに分類します。

　生徒には，パターン1からパターン4までと，パターンごとの勉強方法を提示し，各自で取り組ませます。最初は，授業の中で一緒にトレーニングしますが，2学期以降では各自，家で取り組むように指導します。私の場合は，自作のリスニング問題を生徒に配布しますが，今は安価で購入できるリスニング問題も増えてきたので，そういったものを購入させて指導するのもいいと思います。

Chapter 2 技能別でよくわかる！授業を成功に導く指導の裏ワザ37

▌パターン1　正解した，もしくは1度聞き直せば正解がわかる

　このパターンの場合，ほとんどその文章に関する英語は理解できていると言っていいでしょう。しかし，リスニング力を向上させるのであれば，まだまだ活用する方法はあります。それが，ディクテーションです。流れる英文の中で，一番長い文をディクテーションします。すると，意味がわかっていても，冠詞や前置詞などの細部が聞き取れていないことがわかります。リスニング力を向上させるためには，全体の内容だけでなく，細かい部分を聞き取れる力も必要になります。正解した問題でも，ディクテーションとなると，ハードルはグッと上がります。**正解＝すべてを聞き取れている，という訳ではない**のが，リスニング問題の難しいところです。全体内容だけでなく，細かい音が聞き取れているかどうかにも焦点を当てていきましょう。

> トレーニング方法①
> 　ディクテーションをして簡単なリスニング問題でも徹底活用しよう！

▌パターン2　何回か聞き直せば，正解がわかる

　このパターンの場合，「慣れていない」ということが原因になることが多いです。①ある単語の聞き取りに慣れていない，②ネイティブの英語スピードに慣れていない，③テスト問題そのものに慣れていない。つまり，**「情報処理」が追い付いていない**ということになります。まずは音源をスロー再生してみるところから始めてみましょう。最近はフリーソフトでもスローに再生できる機能も増えています。

> トレーニング方法②
> 　問題集を何度も取り組もう！　ニュースや映画などを英語で見て，速度に慣れよう！

単語・文法指導

リスニング

リーディング

スピーキング

ライティング

71

パターン３　英語のスクリプトを見ながら聞けば，正解がわかる

　このパターンの場合，単語，もしくは音のつながり（リンキング）が聞き取れていない可能性が高いです。その状態で何度もリスニング問題を解いても力は伸びません。この場合，徹底した音読をして，聞き取れなかった単語の発音やリンキングに，「自分の口が慣れる」ようにする必要があります。具体的には，CDと同時読み音読（オーバーラッピング）やシャドーイングなどが効果的です。徹底的に口を鍛えることが重要になります。言えないものは，聞き取れません。つまり，言えるようになれば，聞き取れるようになるのです。最後に，もう一度問題を解くとわかります。簡単に聞き取れるようになっているので，多くの生徒が驚きます。

トレーニング方法③

　スクリプトを見ながら，CDと同時に音読しよう！
　最後にはスクリプトなしでCDと同時に音読しよう！

パターン４　英語のスクリプトを見ても，正解がわからない

　このパターンの場合，問題が解けないのは**リスニング能力が原因ではありません**。ある単語・もしくは表現を知らないからです。この場合，いくら問題を解き直しても正解にたどり着くことはありません。知らない単語・表現に線を引いて，リストにしておきましょう。それを覚えることが，リスニング力の向上にもつながります。

トレーニング方法④

　知らない単語・表現リストをつくり，電車などで覚えるように工夫しよう！

4つの分類の活用

　リスニング問題は，徹底的に活用するようにしておきたいものです。私たちは定期テストで「リスニング問題」を作成しているはずなので，そのデータを蓄積しておくだけでも，「自作リスニング教材」が簡単にできあがります。一人一台タブレット時代も，近いうちにやってくることでしょう（おそらくですが…）。そのときになれば，もっとリスニングの勉強法の幅は広がります。

要点チェック！

　リスニングの技能は4技能の中で，最も中心になるものだと考えています。しかし，多くの学校で，リスニング問題の購入→授業で実施→答え合わせ→終了，という使い方しかしていないという現状を聞きました。もったいないなぁと思います。いくら「テスト」をしても，リスニング力は伸びません。やはり「トレーニング」が必要なのです。一人一台タブレット時代が来れば，もっとリスニング力を伸ばす選択肢は増えてくると思います。

聞き取れない英文を聞き取れるようにするワザ

まったく聞き取れない英文

　生徒が聞き取れない文章と出会ったとき，そのままで授業を終えると，『私はリスニングができないんだ……』とマイナスイメージを持ったまま家に帰ってしまうことになります。思い込みの力とはすごいものです。試しに，梅干しとレモンを同時にかじっているところを想像してみてください。ほら，口の中に唾液があふれていませんか？　これが思い込みの力です。体は思い込むだけで，そのように反応してしまうようにできています。つまり，自分が『できない』と思ってしまったら，本当にできなくなってしまうということです。思い込みだけでも，『リスニングができるようになった！』と思って家に帰ってもらうようにしなければいけません。

魔法の３回音読筆写

　聞き取れない英文を聞き取れるようにする技があります。

　私はそれを「３回音読筆写」と名付けています。例えば，

He studied English hard in order to pass the entrance exam.

という文章を聞き取ることが生徒には難しかったとします。そのとき，私はこの文章を３回音読筆写させます。音読筆写とは，「発音しながら，書く」ということです。書いている文字のスピードに合わせて発音することがポイントです。この作業を３回，正解の英文を見せながら生徒に活動させ，その後にもう一度，同じ文章を聞き取り（ディクテーション）させます。すると，

見事に聞き取れるようになっているのです。
　授業内で行うときは,「3分間でできるだけ多く書きなさい」と指示します。そして,一番書くのが遅いだろうと思われる生徒に注目し,その生徒が3回書いたぐらいで「そこまで」と止めるようにします。こうすると,書くスピードの時間差が生まれません。

当たり前!?

『3回も正解の文章を書いているのだから,当たり前じゃないか……子ども騙しだ』と思われるかもしれませんが,ぜひ一度挑戦してみてください。本当に「聞き取れる」ようになっています。暗唱ではなく,細部の音がクリアに聞こえるようになっているのです。生徒もこの感覚を味わい,「音読筆写すごい!」と口々に言います。細部の音がクリアに聞こえるようになる感覚は,体感させないと伝わりません。

生徒たちの中に「文化」ができる

　「リスニングができるようになる」という感覚を,この方法を通じて何度も体験させていきます。すると,音読筆写が生徒たちの中で定着するようになります。また,生徒たちの中にも「聞き取れない文章は,音読筆写で聞き取れる」という文化が定着するようになります。学習ストラテジーとしても望ましい方法だと思います。

要点チェック!
　音読筆写は,小学校の国語の授業などによく使われている技ですが,中学校のリスニングでも非常に役立ちます。小学校から学ぶことは多いです。

本物の読解力を育てる！リーディングの裏ワザ

想像力を育てる挿絵の活用術

挿絵の情報に頼っている？

　教科書には，ほとんどの場合「挿絵」があります。英文だけだと取っ付きにくい生徒たちに少しでも親しみやすくするためか，英語の理解のための補助なのか，詳しい理由はわかりませんが，少なくとも中学校の検定教科書で，挿絵のない教科書に出会ったことはありません。

　一度，実験をしたことがあります。本文の流れとまったく違う挿絵を入れたワークシートをつくり，答えさせたところ，やはり多くの生徒は混乱していました。生徒が挿絵から得る情報というのは，私たちの思っている以上に大きいものなのかもしれません。

挿絵を隠す

　教師の教育技術に，「隠す」というものがあります。何かを「隠す」ことにより，生徒がより主体的になったり，本質に迫ったりすることができる技術です。何を隠すのかによって，生徒の学習の質はまったく変わるのですが，私はよく挿絵を隠します。そうすることで，リーディングが本来持つ「想像力を育てる」という部分が失われないようになると思っているからです。

　挿絵を隠して行う質問の中で，私の定番になっているものには，以下のような質問があります。

Q：「これはどこで行われている会話でしょう？」

　中学校の検定教科書などでは，文字数の関係から不必要な情報を削ぎ落としている場合がよくあります。その情報を挿絵で補っているのです。「場所」

などはその典型です。これを逆手にとり，場所を問う質問をします。もちろん，本文をじっくり読めば答えがわかる場合でないと使うことはできません。

Q：「このシーンの登場人物は何人いるでしょう？」

話し手が複数いる場合や会話形式の場面設定などでは有効な質問です。これも問題文をよく読まないとわからない場面でしか使えません。

挿絵と本文のマッチング

挿絵と本文をバラバラにした状態で並べ，同じ内容だと思われるもの同士を線で結ぶワークシートを作成したりします。問題のレベルとしては簡単になりますが，初見の英文であれば，それなりの難易度になります。はっきりとわかる問題でなければいけません。

挿絵を隠すだけで，教科書のリーディングのレベルは上がります。つまり，**挿絵にはかなりの情報量がある**ということです。これを活用しない手はありません。高度になれば，「挿絵から会話の中身を想像してみよう」というクリエイティブな活動に展開することだってできます。

🗹 要点チェック！

「隠す」という教育技術は本当に使えます。他にも「比較する」や「情報を不平等にする」などの教育技術があります。こういった基礎スキルを身に付けておくと，オリジナルの活動をたくさん生み出すことができます。

退屈な QA に一工夫

QA に工夫を！

　教科書内容の QA ほど，クラスが停滞する活動はないのではないでしょうか（笑）。私はそう感じています。教科書の QA は表面的な内容で終わりがちなので，よくできる生徒にとっては知的刺激が何もありませんし，英語を苦手と感じている生徒にとっては「なぜそれを答えなければいけないの？」と，そもそも論に陥ってしまうかもしれません。次項（80ページ）で紹介させていただいているような「行間を読む」という問題をつくることも重要なのですが，毎回の授業で実践できるわけでもありません。そこで，私が行っている一工夫のアイデアを紹介させていただきます。

工夫① 問題を言ってから，本文を読む

　一度読んだ内容を後から問われるのは，なかなか面倒なものです。ですから，最初に問題を言ってしまい，それから本文を読ませるようにします。そのとき，本文を読んでいい時間を「2分だけ」と限定したり，「戻り読み禁止」などの制限をかけることによって，より集中して読ませる状態をつくります。読むポイントがピンポイントでいいので，全部が理解できない生徒でも答えられる可能性は十分にあります。

工夫② 問題と答えを言ってから，理由を本文から探す

　リーズニング（Reasoning）活動です。つまり，理由付けです。問題と答えをあらかじめ伝えるのですが，「そのことが証明できる部分はどこですか？　見つけたら，線を引いてください」と伝えてから，本文を読ませるよ

うにします。問題の質にもよりますが，こうすることによってより深いリーディングをさせることができます。また，答えが一つでない場合も多くあります。違った考え方を共有できたりするので，盛り上がります。

工夫③　生徒に QA をつくらせる

教師のつくる QA のパターンに慣れてきたら，生徒に教科書内容に関する QA をつくらせることもあります。もちろん，この活動の本当のねらいは，「QA をつくろうと思えば，その範囲の内容をしっかり理解していないとできない」という部分にあり，QA の質そのものにはこだわりません。

しかし，「なるほど〜！」と，思わずうなるような QA を考えてくる生徒もいます。これは次項（80ページ）の「行間を読む」とのつながりも大きいのですが，「〇〇さんの問題はすごく深く読み込んでいる質問だね〜」などとつぶやけば，上位層の生徒たちは燃え上がります。教師には思いつかないようないい QA ができたら，みんなでシェアをして，より高いリーディング活動へ導いていきます。

要点チェック！

退屈な QA ですが，重要であることも真実です。『内容が本当にわかっているのかな……』と教師は不安に思ってしまうものです。しかし，ここで生徒に日本語訳をさせる，という安易な方法を取ってしまっては，教師としての成長はないと思っています。日本語を使わずに，「内容を理解しているか」ということを確認する方法を考えようとしたとき，教師としての成長があるような気がしています。

教科書を何度も読みたくなる発問

行間を読む

　生徒に教科書を何度も読ませようとするなら，『読書って楽しい！　リーディングって楽しい！』と思わせることが重要です。そのためには，表面的な内容の発問ではなく，「行間を読み取るような発問」が必要になります。このような発問をすれば，生徒は『どこに書いているんだろう？』と自然と教科書を何度も読むようになります。これが，最大のねらいです。

　しかし，「どうやって発問をつくるのかわからない」という場合もあろうかと思います。

「いざ，発問！」その前に

　行間を読み取る活動に入る前に，教師には準備しておかなければならないことがあります。

①発問をつくる

　教師が深く教材研究をして，行間を読み取る訓練をしておく必要があります。最初は大変ですが，慣れてくるとコツがつかめるようになります。いくつかのパターンを後述しています。

②根拠・理由を考える

　「この会話はレストランで行われたと思う」となった場合，そう考える根拠と理由を明示できるようにしておく必要があります。これは，同じことを生徒にも求めなければいけません。

Chapter 2　技能別でよくわかる！授業を成功に導く指導の裏ワザ37

③読書のステージを段階的にする

　行間を読ませる発問は，生徒の心に火をつけます。しかし，１人で考えているだけではアイデアに限界があります。また，最初から班で相談させると，人任せになってしまいます。

1人　⇒　ペア　⇒　班　⇒　1人

と段階的な学びのステージを用意しておく必要があると思います。アイデアは友達からもらうのが一番いいと私は思っています。ですが，最初と最後は「１人」で考えさせることが重要だとも思っています。段階的に思考を「拡散⇒収束」させるようにしましょう。

④どんな発想も OK という空気をつくる

　「英語を読み間違えている」という場合を除いて，どんな意見も OK という空気をつくることも重要です。読書とは，書かれた文字の世界に飛び込むことです。生徒がそう感じたのであれば，それは OK なのです。

行間を読む発問

　行間を読む発問は，生徒の深いリーディングを誘発します。しかし，教科書のすべての文章でつくることができるわけではありません。つくるのが難しい場合もありますし，全範囲で行う必要もありません。ですが，発問をつくる上で，いくつかの王道パターンはあると考えています。

発問パターン①　どこでの会話？

　会話文などを読み取らせ，「どこで行われているでしょう？」と推測させるものです。教科書の挿絵を見せないことが重要です。

単語・文法指導

リスニング

リーディング

スピーキング

ライティング

81

■発問パターン②　登場人物はどんな性格？
　登場人物の性格を読み取らせる発問です。「どんな性格だと思う？」と発問し，生徒には根拠・理由をセットにして考えさせます。

■発問パターン③　時間は？　季節は？
　教科書の本文は季節に関する内容が出てくることも多いです。特に「オーストラリア」が舞台になっている場面では，「何月ぐらいだと思う？」という発問が有効です。季節が逆になっているので，おもしろい発問になります。

要点チェック！
　いい発問は，教師を教室から消します。「ヒント言おうか？」と教師が言うと，「いらない！　考えさせて！」と教師を制する生徒まで現れます。素敵な瞬間だと私は思っています。私は，時々「簡単な問題と難しい問題があるんだけど，どっちがいい？」と生徒に聞くことがあります。このとき「難しい方がやりたい！」と答えが揃えば，そのクラスが「学びの集団」に変わってきたサインだと私は考えています。

Chapter 2 技能別でよくわかる！授業を成功に導く指導の裏ワザ37

実際の例

Tom and Jack found some animal tracks. They followed the tracks to a cave. "Let's go inside!" said Tom. They went inside the cave.

They walked for a long time. They started to worry, but then Jack found a way out. "Look, Tom. We should go back to the campsite." They looked around. "Where are we?" said Jack. They lost their way.

Then they heard something behind them. "Where were you all day?" said Kanako. "Oh, Kanako!" they said. "We got lost! Where are we now?" Mike said. "Oh? What are you talking about? Our campsite is there." She said and pointed to the campsite. It was in front of them.

▌発問例① 「洞窟の大きさは，大きい？　小さい？」

⇒ They walked for a long time. の文章から，洞窟はかなり大きいと考えられる。また，Kanako の Where were you all day? の質問から，ほぼ一日中歩いていた可能性も考えられる。

▌発問例② 「洞窟はどんな形をしている？」

⇒洞窟の大きさから考えるに，かなり長時間歩いたはず。その割にはキャンプ場からはそれほど離れていなかった。ということは，洞窟の入口と出口は割と近くにあることが予想できる。円を描くような形だったかもしれない。

単語・文法指導

リスニング

リーディング

スピーキング

ライティング

83

発問には数字を

発問スキル

　授業内でリーディング力を高めるコツは，「いい発問」だと考えています。いい発問が，生徒の『読みたい！』という気持ちを高めることは，想像に難^{かた}くないと思います。つまり，教師は生徒の『読みたい！』という気持ちを誘発するような「発問スキル」を身に付ける必要があります。

どんな発問がいいのか？

　私は「発問には数字を入れよう」ということをここ数年間，いろんな場所でお伝えさせていただいています。以下に，私が考える「いい発問」の例をご紹介させていただきます。

▌発問テクニック①　２択問題

　○×問題などもこの２択問題の中に入ります。偶然正解する確率が50％あります。ここがポイントです。「どちらが正しいでしょう？（２択を示す）」と問います。英語が苦手な生徒でも，２択問題なら本文を必死に読めば何とか答えにたどり着くことができるはずです。教科書のQAでも，２択問題は有効です。誰でも気軽に取り組む（発言する）ことができる，リーディングにおける入門編的問題です。

▌発問テクニック②　「○個探しなさい」

　簡単な例で言えば，「この文章の中にある助動詞を４つ探しなさい」というような発問です。本文中に助動詞が「４つ」あるときは，「３つ探しなさ

Chapter 2 技能別でよくわかる！授業を成功に導く指導の裏ワザ37

い」と少なめに問うのがポイントです。３つの確認が終わったあと，「先生，まだあります！」と言う生徒が必ず現れるからです。その生徒を「お，幻の４つ目を見つけたか！　すばらしい！」と大げさに褒めれば，次から生徒は喜んで探すようになります。

　表面的な単語を探すのもいいです。しかし，もっと深い読み（表面的には書いていない内容を読み取ること）を誘発する発問も可能です。「この文章からわかる Jack の性格を，３つ考えなさい。ただし，理由も言えるようにすること」とすれば，かなり深い読みを誘発することができます。この発問には，教師の深い教材研究も必要です。

■ 発問テクニック③ 「何個あるでしょうか？」

　「この文章の中に，助動詞は何個あるでしょうか？」という発問です。正解の数がわからない発問は，生徒に２周目のリーディングを誘発します。つまり，「見直し」が行われるのです。１周目で満足する生徒には，「本当にそれだけ？」と言えば，勝手に２周目に入ってくれます。また，この発問は生徒同士の教え合いをつくりやすいです。「班で相談して，最終的な数字を決めてください」と言えば，生徒たちは理由を言いながら議論を始めます。

　また先ほどの「Jack の性格」を読み解くような深い質問の場合も，「この文章からわかる Jack の性格は，いくつあるでしょうか？」という形で問うこともできます。こうなると，生徒の想像力は無限大です。必ず，教師の予想をはるかに超えるリーディングをしてくる生徒が現れます。授業をしていて至福の瞬間です。

❤ 要点チェック！

　数字は生徒たちにとって，ものすごく具体的です。生徒のやる気は，具体的なミッションに比例すると私は考えています。別項（18ページ）の「指示に数字」でも書いたように，数字は不思議なほどに生徒のやる気を引き出してくれます。「いい発問」のキーワードは数字だと私は考えています。

単語・文法指導

リスニング

リーディング

スピーキング

ライティング

85

ややこしい説明はリーディング教材に

英語で説明すると……？

　別項（60ページ）の「積極的日本語活用論」のポイントは，活動の説明を日本語で短時間行い，メインの活動の時間を十分に確保するべきだ，ということでした。ですが，『全部英語でやらないと……』と不要なプレッシャーを感じておられる先生方も多いようです。いろんな理由や事情があることでしょう。もちろん，英語で活動を説明して，短時間で理解してもらえるのであればそれがベストです。しかし，私が見てきた授業の中では，

　英語で説明　→　生徒の理解が不十分で，活動中にトラブル多発
　英語で説明　→　生徒が「わからない！」と言い，結局日本語で説明

　このどちらかのパターンが多かったように思います。もちろん，スムーズに理解してくれる生徒たちであれば，何の問題もありません。ただ，上のような事例は私にも多々経験があります。『だいたい理解できたかな？』なんて思っていても，何人かの生徒は理解できていないことは，しばしばありました。

リーディング教材にする

　せっかく英語で説明するのなら，その説明自体が英語の力が伸びることにつながるようにすることが重要です。そう考えたとき，**説明をリーディング教材にすること**も一つの考え方だと思います。

手順の一例

①活動の説明を英語で書いたものを配布する
②黙読させる
③グループでわかった部分をシェアする
④教師は机間巡視しながら，理解度を確認して回る
⑤理解が不十分だなと思うポイントを，教師が英語でもう一度説明する

この手順で行えば，時間はかかりますが，多くの生徒の理解を得ることが可能ですし，リーディングのトレーニングにもなります。最後の教師の説明も，一度は読んだ文章の内容なので，英語で説明したとしても理解度は格段に高くなっています。問題点としては，「プリント作成の手間がかかる」や「ただの説明なのに時間がかかり過ぎる」などが考えられます。しかし，**どうしても英語でやる必要があるのであれば**，こういった方法も選択肢の一つとしてあってもいいのかなとも思います。

要点チェック！

やはり，日本語で説明するのが一番手っ取り早いと私は思います。その説明がポイントではなく，その後の活動が一番のポイントですから，そこに十分な時間を確保すべきだと私は考えます。しかし，その説明も考え方を変えれば，立派な教材にもなり得ます。活動の説明を英語で行えば，「命令文」や「助動詞」が多くなります。そういった項目を勉強させたい場合には，あえてリーディング教材にすることも一つの手です。

積極的カタカナ活用論

「カタカナを書いてはいけません！」

　私は中学生のとき，「教科書にカタカナは書いてはいけません！」と英語の先生に言われていました。しかし，当時の私はカタカナがないと発音できませんでした。なので先生に見つからないように，こっそり英単語の上にカタカナで発音を書き，先生が近くを通ると鉛筆で隠す，という3年間を過ごしていました。自分が教師になり教壇に立ったとき，『あのときの自分のような思いはさせたくないな』と思っていました。

　しかし，教師になって「カタカナを書いてはダメ」と言った当時の先生の気持ちがようやくわかりました。英語がカタカナ発音になることを危惧されたのでしょう。でもやはり，カタカナを書きたい生徒の気持ちも，私には痛いほどわかるのです。

ポイントはカタカナ発音させないこと

　ポイントは，「生徒にカタカナ発音をさせないこと」です。つまり，英語の正しい音であれば，カタカナで書いてもいいはずです。日本語にはカタカナという便利なツールがあるのですから，英語学習においてもこれを有効に使わない手はありません。しかし，英語には日本語にはない音がいくつもあります。私はそれらの音の中から，必ず発音できるようにしたい音を「5つ」抽出しています。それが，r / l / f / v / th です。これらの音以外はカタカナで表記しても OK だよと，私が指導していた中学生や高校生には伝えていました。

聞こえたように書かせるのではなく，先手を打つ

　カタカナを書かせるときは，こちらが「先手」を打っておくことが重要です。カタカナを書くことを許可すると，一定数の生徒は必ず書きます。しかし，英語が不得意な生徒には，英語の聞こえ方もそれぞれです。自由に書かせると，different の発音も「ディファレント」や「ディフレン」など様々です。発音でつまづくだろうな，と予想できる単語には，こちらが先手を打って「カタカナで書くならこれが近いかな」と，先に指導することが重要です。**カタカナを自由に書かせるのではなく，先手を打ちながら指導すれば，カタカナは英語授業の大切なツールになる**と思います。

5つの発音の書かせ方

　私が different をカタカナで書かせるとき，黒板には「ディfrェンt」と書きます。5つの音は，カタカナでは表記できないので，そのまま残します（語尾の子音も残します）。**これを可能にするのは，5つの音を日頃から徹底的にトレーニングする姿勢**です。別項（100ページ）「発音指導は5つだけ」でも詳しく書いていますが，この5つの音は徹底的にトレーニングするようにしています。

要点チェック！

　小学校英語指導の中で，カタカナを書かせるかどうかは別の議論かもしれません。ですが，カタカナがあろうとなかろうと，大切なのは「生徒が英語らしい音で発音できること」です。ここが達成できるのであれば，カタカナの議論は大した問題ではないと思います。

直読直解の思考回路育成法

直読直解とは？

　長文読解において，何度も前の文章に戻りながら意味把握を行うことを「戻り読み」と言います。思考回路としては，一文ずつ頭の中で和訳しているようなイメージです。それに対して，戻り読みをせずにそのまま意味を把握していく読み方を「直読直解」と言ったりします。どちらの方がリーディングスキルとして上かは明らかですし，私たちが生徒に身に付けさせたい力も「直読直解」だと思います。

代名詞復活プリント

　例えば，以下のような教科書の本文があったとします。

Jack went to Kyoto to see Keiko. She is a high school student. She and Jack are nice friends. They enjoyed shopping and visiting a lot of famous places. Next time, he wants to visit Kiyomizu-dera. It is very beautiful when he sees it on the Internet. He really wants to visit there.

　この文章を，以下のように変換します。

Jack went to Kyoto to see Keiko. Keiko is a high school student. Keiko and Jack are nice friends. Keiko and Jack enjoyed shopping and visiting a lot of famous places. Next time, Jack wants to visit Kiyomizu-dera. Kiyomizu-dera is very beautiful when Jack sees Kiyomizu-dera on the

Internet. Jack really wants to visit Kiyomizu-dera.

　すべての代名詞を元の形に戻します。英語に慣れている私たちにとっては大変に気持ちの悪い文章です。しかし，**生徒の直読直解を妨げている一番の原因は「代名詞」である**，と私は考えています。代名詞を復活させた状態のプリントを配布することで，戻り読みの回数は圧倒的に減ります。このようにして，「直読直解」の経験値を積み上げさせるように私はしています。

　この直読直解のプリントに慣れてきたら，少しずつ代名詞を元に戻していきます。いきなり全部を元通りではなく，「主格」からがベストだと思います。少しずつ元に戻しましょう。**特に中1（もしくは英語が苦手な生徒）は**，代名詞でつまずきやすいですので，このプリントは重宝されます。

代名詞音読

　また，教科書の文章を「代名詞を復活させて読む」という音読方法も，直読直解には効果的です。例えば，教科書に She is a high school student. と書いてあっても，Keiko is a high school student. と音読させるという高度な手法です。英語が得意な生徒であっても，初見ではなかなか難しいですが，英語が得意な生徒たちに火をつける活動でもあります。

要点チェック！

　直読直解の思考回路をつくるには，「代名詞」がキーワードになると思っています。まずは，すべての代名詞を復活させる，そして「主格」→「所有格」のように段階的に元に戻していけば，かなり力がつきます。

和訳先「渡さない」術

「和訳先渡し」の指導法

　和訳先渡しという指導法があります。これは「和訳中心の授業から脱却しよう！」というメッセージのもと生まれた手法で，和訳を先に渡すことで生まれた余剰時間を他の活動に使うことを目的としたものです。英語教育界を大きく変えた提案だったと私は思っています。しかし，私は『和訳を先に渡してしまうと，リーディングの力は伸びないんじゃないかな〜？』などと考えていました。生徒からリーディングの楽しさを奪ってしまうような気がしていました。

　和訳先渡しのコンセプトには賛成です。しかし，リーディング（自分の力で情報を読み取る経験）もさせたいなと思った私は，あることを思いつきました。それが「和訳先『渡さない』術」です。

和訳を先に「見せるだけ」

　和訳を先に渡してしまうと，文章の意味を考える機会が減ってしまいます。しかし1文ずつ意味を確認しながら進むと，時間が足りません。そこで私は教室のモニターに和訳を映してしまうことにしました。リーディングを始める前に，日本語の意味をすべて生徒に読ませます。これで生徒は『この文章はこんな内容が書いてあるんだな』と理解します。意味を理解しているので，すぐに音読活動に入ることができます。また，教科書の QA をすぐに取り組むこともできます。和訳先渡しで提案されているような様々な活動に，時間たっぷりに取り組むことができます。ここまでは和訳先渡しと同じです。

和訳先「渡さない」術のメリット

　授業を進めていくと,「あれ？　この文章どんな意味だったっけ？」と意味を忘れる生徒が現れます。ここでもしも,「先渡し」の状態でしたら, きっとプリントを確認することでしょう。しかし,「先渡さない」状態だったら, 頼るものはないので, 自力で考える必要が出てきます。しかし, 一度は意味を確認しているので, 自力で意味を理解することができる生徒がほとんどです。ここがこの手法の最大のポイントです。

　和訳を先に見せるメリットを生かしつつ, 和訳プリントに頼らない生徒を育てたい, というワガママな方法です。やってみるとわかりますが, 日本語をモニターで見せたとき, 生徒たちは驚くぐらいの集中力を見せます。**手元に情報が残らない（メモも取ってはいけない）**という方法は, 生徒たちの集中力をかなり高めてくれるテクニックです。

全時間行う必要はない

　すべてのレッスンで行う必要はありません。私もこの手法を使うのは, 年に2～3回だけです。教科書の指導にはたくさんのバラエティがあった方がいいので, こういった手法も時にはいいんじゃないかなと私は考えています。

要点チェック！

　和訳先渡しの手法はとっても素晴らしいアイデアだと思います。私はこのような実践をしていますが, そのまま先渡しでも, 十分に効果のあるものだと思います。

苦手意識を持たせない！スピーキングの裏ワザ

生徒こそが使うべき Classroom English

誰が使う？　Classroom English

「All English の授業をしよう！」ということで世の中はざわついています。その是非はさておき，時代は All English です。そこで注目されているのが Classroom English です。読者の先生方は，「Classroom English を使おう！」という言葉から，その動作主として誰を想像されるでしょうか？

ほとんどの場合，「教師」を想定されるのではないでしょうか。実際，世の中にある Classroom English と名がついた本やワークショップでは，教師を対象としたものがほとんどです。しかし，私はずっと矛盾を感じていることがありました。ある一方では「Classroom English をたくさん使おう！」という論があり，もう一方では「教師は授業でしゃべりすぎてはいけない」という論もあります。この二つが，私には矛盾しているように感じられました。

二つの矛盾を克服

この二つの矛盾を克服する方法が一つだけありました。それは「生徒が Classroom English を使うようにすればいい」というものです。読者の先生方には「当たり前じゃないか！」とお叱りを受けそうですが，私には大きな発想の転換でした。別項（60ページ）の「積極的日本語活用論」でも書かせていただいたように，教師が必要以上に英語を話す必要はないと考えています。むしろ，積極的日本語活用論で生み出した余剰時間を，生徒の Classroom English を使用する機会として活用した方が，英語力が伸びると私は考えています。

94

Chapter 2 技能別でよくわかる！授業を成功に導く指導の裏ワザ37

段階的 Classroom English

　早速取り組んだことは，「授業内で生徒がよく使う日本語」を抽出することでした。私の生徒の場合は，「〇〇をやりたい！」でした。たったこれだけの表現でも，いろんな表現方法があります。そういったものを中1から段階的に指導しておけば，これらの表現をかなり使いこなせるようになります。

```
　　〇〇, please.　　　　　　Let me try 〇〇.
　　Let's try 〇〇!　　　　　 Can I try 〇〇?
　　I want to try 〇〇.　　　 May I try 〇〇?
　　I would like to try 〇〇.　Is it OK to try 〇〇?
```

　私は中1でも「終わった！」の意味で"I have finished!"と使わせていました。当然現在完了などは習っていませんが，**必要に応じた状況があれば，未習文法のものでも生徒に使わせるようにします**。しかし，これが大きな伏線となり，授業で現在完了を教えたときに『あぁ～！　なるほど！』と大きな気付きを生み出します。ずっと使い続けている内容なので，生徒は体感で学ぶことができるのです。

要点チェック！

　Classroom English はアートです。何をどのタイミングで言わせるかを考えれば，伏線を張り巡らせることができます。教師が使う英語よりも，生徒にどんな英語を使わせられるのか，ということを考えるべきだと思います。

段階的スピーキング

失敗を恐れる生徒たち

　こちらが発問したことに対して，積極的に意見を言おうとする生徒が育ってきた，しかし，「英語で答えて」と言うと途端に手があがらなくなってしまう――そんな経験はないでしょうか。私にはたくさんあります。「失敗を恐れるな！」という指導はするのですが，そんなに簡単に定着することではありません。時間をかけて学級経営などの側面と一緒にゆっくりと変化を促していくしかありません。しかし，ゆっくりとした変化を待つと同時に，目の前のことにも私たちは対応しなければなりません。

　昔見たテレビ番組で「You が play しているとき，いきなり accident が happen したんだよ」と，日本語とも英語とも言えない言葉で話している芸能人の方がいました。その何とも言えない言葉の響きに大笑いしたことを覚えています。ある日，『結局，あの人の英語力はどれぐらいあるのだろう……？』とふと考えました。別の番組でその人の英語力をチェックしている企画があり，興味深く見ていると，その方の英語力は意外とあるということが判明しました。

違和感を楽しむ活動

　私は，この話し方を授業の中で活用することにしました。名付けて「段階的スピーキング」です。

　最初は「I はバスケするのが好き」と生徒が言うので，「バスケは basketball って英語で言えるでしょ？」と返答し，「I は basketball するのが好き」と言わせていました。そこだけ妙にいい発音で言ったりするので，

Chapter 2 技能別でよくわかる！授業を成功に導く指導の裏ワザ37

教室は大爆笑でした。私はそこで，「バスケットボールを basketball と言うと何かおかしいね。それはね，バスケットボールと basketball が違う発音だからなんだ。だから変な感じがしておもしろかったんだね。逆に言えば，basketball をちゃんと発音できた証拠。違和感があれば正解です」と補足しました。

続けていれば，効果は出る

　ちょっとふざけた活動のように思われるかもしれませんが，ポイントは「できるだけ英語を話そう！」ということです。それは「知っている単語はすべて英語で！」ということです。この文化が授業の中に定着すると，手がすごくあがるようになりますし，失敗を恐れない空気ができます。そして，段階的に教室の中から日本語が減るようになります。友達が発言した内容も「それ，英語で言えるやん！」という言葉が飛び交うようになります。

　ただし，生徒が一生懸命に段階的英語を話した場合は，**教師が正しい英語を言ってフィードバックしてあげることが重要です**。フィードバックのないスピーキングでは，力は伸びません（別項（104ページ）「スピーキング力を飛躍的に伸ばす「模範解答」を参照）。

I は school trip を enjoy したい。

Oh, You want to enjoy your school trip.

要点チェック！

　「知っている英語はちょっとでも使おう！」という教師の気迫と情熱が必要です。気長に楽しんで続けていれば，一年後にはかなりの効果が出ます。

単語・文法指導

リスニング

リーディング

スピーキング

ライティング

97

スピーキングテストの待ち時間は Flip & Write

2つの型のスピーキングテスト

　スピーキングテストには大きく分けて2つのものがあります。「暗唱型」と「即興型」です。中間の「予告型英会話（即興型だが，質問する内容は事前に告知してあるパターン）」もありますが，大きくはこの2つです。この2つは違う点もたくさんありますが，共通点としては，「実施に時間がかかる」ということです。1対1で行う場合は，40人クラスならそれだけで40分かかります。それもスムーズに行けばの話です。

問題点は待ち時間

　スピーキングテストの問題点（実施することへの課題）は，「テスト受験者以外の生徒が待ち時間に何をするか？」ということです。ワークなどをやらせるのもいいのですが，準備に時間がかかるし，何より生徒の集中力が続きません。教室がざわつき，トラブルなどが起こることも多々あります。そこで，生徒が集中する待ち時間活動が Flip & Write です。

上下逆さまプリント―Flip & Write

　ある程度の長文を A4 1枚の片面に印刷しておきます。英文のレベルは，該当の教科書のレッスンすべてでちょうどぐらいです。裏面には，ノートのような線が入ったものを印刷しておきます。しかし，裏表の印刷を「上下逆さま」にしておきます。ちょうど図のようなかたちになります。

Chapter 2　技能別でよくわかる！授業を成功に導く指導の裏ワザ37

┌─────────────────┐
│ 表面 │
│   │
│ One day Carter saw a child.   │
│ She was lying on the ground.   │
│ He knew why the child was   │
│ there. She was so hungry that   │
│ she could not move. Suddenly a   │
│ vulture appeared. He took this   │
│ photo.   │
│ 　The photo appeared in the   │
│ newspapers all over the world.   │
│ It made him famous. He won a   │
│ Pulitzer Prize for it.   │
└─────────────────┘

裏面
ここに英語を書き写していきます。
裏返して逆さまになっています。

　これを書き写させるような指導をします。生徒はペラペラめくりながら写すのですが，上下逆さまになっているのでかなり面倒です。生徒は面倒なことが嫌いで，少しでも早く終わらせたいと思っていますから，できるだけペラペラする回数を少なくしようとします。そのためには英語を１回でできるだけ多く脳に焼き付ける作業が必要になり，この作業が英文を脳に定着させることにつながります。生徒は英語をぶつぶつつぶやきながら，かなり集中した状態で取り組んでくれます。

　即興型のテストでも十分に効果は発揮できますが，「暗唱型」のテストとの相性は抜群です。課題の英文を「暗唱題材」にすれば，さらに集中力は高まるし，より一層英文を定着させることに貢献します。

✔ 要点チェック！

　Flip & Write の活動は，英文を定着させるのにかなり有効な手法です。しかし，弱点として「１回の活動にかなり時間がかかる」という点があります。ですから，スピーキングテストとの相性がとてもいいのです（笑）。

発音指導は5つだけ

発音指導は絶対必要！

「発音を細かくチェックすると，生徒のやる気がなくなる」という意見を聞くことがあります。しかし，このことのおそらくの原因は，**「発音をチェックしたこと」**ではなく，**「チェックの方法（もしくは指摘の仕方）」**にあると私は考えています。なぜなら，私は生徒の発音を細かくチェックしますが，そのことが直接的原因となって「やる気がなくなった」という生徒と出会ったことがないからです。むしろ，発音指導を通して生徒をやる気にさせることの方が多いです。私は発音指導をします。それは「世界に通じる発音を……」などと高尚な理念などではなく，**「生徒が楽しんで取り組むから」**というシンプルな理由です。

絶対に押さえておきたい5つの音

私が発音を指導するとき，最初のステップとして教えるのは

r / l / f / v / th

この5つの音です。もちろん，リンキングなどの音の連結なども教えますが，単音として必ずマスターさせたいのが，上記の5つの音です（私の場合は，bag の a

Chapter 2　技能別でよくわかる！授業を成功に導く指導の裏ワザ37

の音も同時に教えますが，まずは５つの音を優先させます）。これらの５つの音は，日本語にはない音であり，それゆえに「カタカナで書くこと」も不可能な音です。しかし，単語の中には頻繁に出てくる音なので，これらの音をマスター（使えるようになる）しない限り，リスニングにも影響が出てしまいます。モーターセオリーと言ったりもしますが，**「発音できない音は，聞き取れない」**ということです。逆に言えば，発音ができるようになれば，リスニング力も向上するということです。

いつ指導をするのか？

　「いつでも」です。特別に「発音の時間」などと切り取るのではなく，生徒が英語を発話するすべての瞬間に，発音指導のチャンスがあります。もちろん，初期段階では丁寧に指導の時間を確保する必要があります。

　ゲーム感覚で発音指導をすることも大事です。私の場合はグルグルという手法を使って指導をします。詳細は拙著『英語授業の心技愛』（研究社）をご参照ください。

５つだけでいいのか？

　まずは，５つからです。「たった５つ」ですが，これを自然に使いこなせるまで生徒を育てようと思うと，かなり時間がかかります。ですから私は，『この５つができれば十分！』ぐらいの気持ちで取り組むようにしています。

✔ 要点チェック！

　発音は，厳し目にチェックしながらも，ユーモアを持って指導をするようにしましょう。「前も言っただろ！」などのようなピリピリした指導はダメです。発音は習得にかなり時間がかかります。厳しく指摘しながらも「いつかできるようになるよ！」というおおらかさも同時に必要だと思います。

101

単語・文法指導

リスニング

リーディング

スピーキング

ライティング

カタカナ de リンキング

「カタカナ」の使い方

　「積極的カタカナ活用論」でも述べたように，カタカナは効果的に使えば，生徒の力を伸ばすことに貢献します。それはスピーキングでも同じです。

　例えば，congratulation を「コングラッチュレーション」とカタカナにしてしまうのは問題です。r や l の音を区別していないからです。それは rock と lock を「ロック」と書いて区別しないのと，本質的な問題は同じだからです。では，どういった場面でカタカナは有効なのでしょうか？

リンキングの基本ルール

　リンキングとは，音と音のつながりのことで，単語と単語がくっついて違う音に変化してしまう現象のことを指します。リエゾンと言ったりもします。リンキングによる音の変化のパターンはある程度決まっていて，**後ろにくる単語が母音でスタートしている場合**に起こります。an apple は後ろの apple が母音の「a」から始まっているので，前の「an」の「n」とくっつきます。つまり「n + a」の音になり，「ナ」という音が誕生することになります。なので，「アナッポー」と発音することになります。「アンアッポー」よりはずいぶんと英語らしい音になります。

リンキングはカタカナ指導でわかりやすく

　このように，パターンを掴めばリンキングはかなり英語に近い表現になります。慣れてくれば初見であってもリンキングは上手にできるようになるのですが，**「慣れるまで」**はカタカナでの指導が効果的です。以下のものは，

Chapter 2 技能別でよくわかる！授業を成功に導く指導の裏ワザ37

私が生徒たちに指導するときによく出す例です。特に one of は「ワンノブ」と「n」が一つ多くなってしまう生徒が多いので，必ず指導します。

Did you　ディッヂュ
again and again　アゲナナゲイン
one of　ワノブ

リンキングの t ルール

　ｔの音に関しては，基本ルールとは違うルールが適応されることが多いです。ｔの音は，「ラ行」の音になることが多いのです。ちょっと前に流行した「Let it go」が「レリゴー」と多くの人に歌われていたのは，このルールが適用されているからです。But I も「バライ」と発音することがあります。ちなみにリンキングではないのですが，letter のように t が重なっている場合も「ラ行」で発音することが多いです。レターではなく，レラーになります。

要点チェック！

　英語が苦手な生徒にとって，リンキングをスムーズに発音することは至難の技です。しかし，これをマスターしない限り，リスニングでかなり苦労してしまうことになるので，「慣れるまで」はカタカナを活用しながら発音させるのがいいでしょう。

103

スピーキング力を飛躍的に伸ばす「模範解答」

スピーキング力が伸びない理由

Explanation Game というものがあります。生徒が何かを英語で説明して，それを聞いて説明しているものを当てる，という活動です。このゲームはスピーキング力を伸ばすための活動です。しかし，楽しんでやるだけの活動になりがちで，力が伸びているとは思えません。伸びたとしても，それは活動に「慣れた」だけのような気がします。例えば，「リンゴ」を説明しようとして，ある生徒が，Fruits! Yes! Red and ball and juice! と言ったと仮定します。確かにコミュニケーションの意欲はあると判断できますし，伝わる英語であることも間違いないです。しかしこれを続けて，力は伸びるでしょうか。

こういったコミュニケーション型の活動は，意味が伝わることにフォーカスがあたってしまいがちです。もちろん，その経験も大事です。しかし，こういった「意味伝達中心」の活動であっても，ちょっとしたひと手間を加えるだけで，スピーキング力を飛躍的に向上させることができるのです。それが**模範解答を示す**，ということです。

手順

まずはやらせてみることが大事です。あまりヒントを多く与えすぎてもいけませんし，表現の型を丁寧に教えてしまうと，生徒の**「発見と創造」**の機会を奪ってしまいます。ですから，「とりあえずやってみよう！」でスタートします。

例えば「だるま落とし」を英語で説明するとします。これはなかなか説明

が難しいかもしれません。生徒がジェスチャー抜きで英語（ブロークンであっても）だけで意味を相手に伝えることができたとしたら，かなり表現力のある生徒と言えるかもしれません。でも，ここで終わってはいけません。そのあと，「先生だったらこう説明するな〜」と言い，模範解答をプリントにして配布します。すると，生徒たちからは「なるほど！」や「そう言えばよかったんだ！」などの驚きと発見の声が教室に響きます。私は，**この瞬間に生徒の英語力が伸びている**と考えています。つまり，自分のスピーキングに対してフィードバックをもらった瞬間に，スピーキング力は伸びるということです。

「先生だったらこう説明するな〜」

この言い方がポイントです。なぜなら，意味伝達を趣意とする活動において，唯一絶対の正解などないからです。英語は言葉です。いろんな表現があるからおもしろいと思います。この活動を続けていると，「先生，こういう表現はダメですか？」と聞いてくる生徒が必ず現れます。そこを大げさにほめれば，他の生徒の刺激にもなるし，生徒たちの「創造力」を伸ばすこともできます。

要点チェック！

生徒のスピーキングへのフィードバックは，Good！ OK！ がほとんどで，中身に具体的に迫ったフィードバックはほとんどありません。これでは力が伸びません。簡単な模範解答を示すことで，普段の活動をワンランクアップさせることができます。

準備簡単！教科書 Picture Describing

Picture Describing とは？

　ペアで行う Picture Describing という活動です。一方が何かの絵を見て，それを英語で説明します。そしてペアの生徒がそれを絵に書いて描写するという活動です。何かのモノを当てる Explanation Game（Who am I? などの活動もこれに属します）とは違い，書いてある「絵」そのものを書きます。例えば，右の絵を題材にしたとします。

　この絵を説明するとき，Picture Describing なら，「車の向き」「母親は右手で娘と手をつないでいる」などの細かい情報まで描写しなければいけません。これが Explanation Game との違いです。かなり相手目線で表現しなければいけない高度な活動です。英語教師であっても難しい活動です。

題材は教科書の挿絵

　Picture Describing は**継続して続けることによって英語での表現力を伸ばす活動**です。継続することが前提の活動ですが，ペアで行うので1回で2つの絵を準備しなければいけません。これを毎回の授業でとなると面倒です。面倒だと感じてしまうと長続きしないのが人間です。

　私の場合，「教科書の挿絵」を活用しています。これだと準備が何も必要

ありません。あとは絵を書く紙を用意するだけです（別項（24ページ）の「いきなり小テスト」参照）。**「準備が楽！」ということが活動を継続させるためのポイント**です。

方法

①ペアを組ませ，ＡとＢに分けます。Ａには教科書を閉じさせて，Ｂにのみ教科書のページを教えて開けさせます。

②そこの挿絵を確認したら，そこから英語で３分間でできるだけその絵に近い絵をペアＡに書かせます。このとき，Ａが書いている絵を，Ｂが見ないことが大切です。

③ＡがＢに質問していいかどうかは，教師が決めます。私の場合は，「質問は１回だけ」と制限を決めています。もちろん，英語です。

④３分後に教科書の絵と書いた絵を同時に見せ合います。だいたいの場合はめちゃくちゃで，笑いが起きます。ここで，**「どう言えば通じたのかな？」と振り返りを必ずさせるようにしましょう。この振り返りの時間が英語力を伸ばすカギ**になります。

要点チェック！

初見の絵だとハードルが高いですが，教科書の挿絵だとぼんやりと覚えていることも多いので，ハードルが少し下がりますし，準備が楽なのが何よりのポイントです。制限時間内はずっと英語を話し続けるハードな活動です。

苦労してつくらせた英作文は使い倒せ！

モッタイナイ

　「自由英作文」に取り組む先生方は多いと思います。取り組んだ先生方にはおわかりいただけると思いますが，これは本当に大変な活動です。詳しくはライティングの技の章でお伝えしますが，生徒の自由英作文を指導・添削するのは本当に時間がかかります。

　このようにして，生徒と教師の時間をかなり使って完成させた英作文。だいたいの場合は，清書を書いて作品化したり，暗唱させてクラスでスピーチが定番だと思います。しかし，私は「せっかく苦労してつくらせた英作文をたった1回の活動で終わらせるのはもったいない！」と考えてしまいます。

2人称読み・3人称読みで活用

　自由英作文は「1人称」で書かれていることがほとんどだと思います。そこで，ペアにして「2人称読み」の活動に取り組みます。作文を書いたA君が自分の文章を1行ずつ読み，それを聞いたBさんが何も見ずに2人称の文章に変換して伝えます。

　A：I am going to talk about my best memory.
　B：You are going to talk about your best memory.

　紙幅の関係で全文は書いていませんが，本来はこれを全文・もしくは制限時間いっぱいまで行います。同じ要領で3人称でも行います。

108

A：I am going to talk about my best memory.
B：He is going to talk about his best memory.

この場合，BさんはA君の方を見ずに，誰かにレポートするような形で言わせるようにします。

何度でもできる！

　この活動は，教科書のモノローグの文章で行う音読方法です。しかし，この自由英作文で応用すると，生徒同士の交流が何度もできます。

　ペアで2人称読み　→　交代　→　新しいペアを見つけて繰り返し

ということを，ずっとやることも可能です。それぞれが違うモノローグの文章を持っているので，生徒は飽きません。ずっと英語を聞いて，話しているという状態を簡単につくれます。それも生徒たちの脳はフル回転している状態で，です。

要点チェック！
　自由英作文は，生徒の気持ちが入っています。そして教師のチェックが入っているので，英文のクオリティも保証されているはずです。言うなれば「最高の教材」と言えます。発表して終わりでは，あまりにももったいないので，この「教材」を使っていろんな活動に取り組んでいます。

みるみる書けるようになる！ライティングの裏ワザ

ライティング指導には戦略が必要だ！

ライティング指導の王道

　「ライティング指導」と言えば，必ず出てくるのが「自由英作文」です。例えば，修学旅行の思い出を英語で書きなさい，などの活動です。こういった活動をさせるとき，定番の手順は，

　　①アイデアを出させる（日本語の下書き，マッピングなど）
　　②英語で書く
　　③教師がチェックをする
　　④暗唱して発表

といったところでしょうか。英語のいろいろな技能を駆使した活動なので「技能統合型」と呼べるかもしれません。生徒の英語力もそれなりに伸びるとは思います。しかし，こういった活動を教師はあまり多く取り組みません。年間を通じて，３回ぐらいが平均なのではないでしょうか。（根拠はありませんが，いろんな先生方とお話をしていてそのように感じています。）

　なぜ素晴らしい活動なのに，頻度は少ないのでしょうか。答えは簡単です。教師があまりにも大変だからです（笑）。特に，生徒が書いた英語を修正する時間がとても大変です。しかし，この修正して返却する作業，つまりフィードバックこそがライティング力を伸ばす肝であるので，「書かせて終わる」という「やりっぱなし」にしてはいけません。

フィードバックがなければ，ライティング力は伸びない！

　話す力や書く力を効率よく伸ばすためには，「フィードバック」が必要です。何がよくて，何がダメなのか。そういう情報を生徒に返却することで，生徒のアウトプットの力は伸びていくと思っています。つまり，ライティングにもフィードバック（内容面ではなく，形式面）が必要です。

　生徒のライティングを修正して返却する作業を普通に取り組むと，かなりの時間がかかります。ですから，戦略を持たずにライティング指導をすると，教師の残業時間が増える一方になってしまいます。真剣に生徒の力を伸ばそうと思っている「いい先生」ほど苦労をするというよくないサイクルが生まれてしまいます。私たち教師の時間も体力も，無限ではありません。ライティング指導には絶対に戦略が必要です。次のページ以降で私が考えているライティング指導のいくつかの技をご紹介させていただきます。ライティング指導は，英語力を一番効率よく伸ばせる技能だと思っています。

要点チェック！

　ライティングは，英語力を最も効率よく伸ばすことができる技能だと私は考えています。しかし，その作業負荷の高さから，長続きしない活動が多いです。ライティング指導には，他の技能の指導よりも戦略が必要だと考えています。それは「フィードバックが必要だ」という前提があるからです。

準備が簡単！教科書を使った英作文

授業にもっと英作文を！

　授業にもっとライティングの時間が増えればいいなと思っています。しかし，4技能の中で最も指導に時間がかかるのがライティングです。もっと手軽に取り組むことができないかなぁと思って，考えた活動です。

教科書の英文を活用

　すでに勉強したレッスンのある1文を取り上げ，日本語を教師が言います。それを生徒が英語にして書く，それだけの活動です。用意するものは，白紙の紙で十分です。すでに一度勉強した英語が答えなわけですから，生徒たちは「あ～どっかでその文章音読した～！」と勉強した英文を必死に思い出そうとします。もちろん，教科書の英文をすべて完全に

覚えている生徒などほとんどいませんから，足りない情報は自分の英語の知識で補おうとします。ここに，この活動のよさがあると私は考えています。

ポイントは答え合わせ

　この活動のポイントは答え合わせです。教師は答えを言いません。なぜなら，答えは教科書の中にあるからです。自分たちで教科書から該当の文章を

Chapter 2　技能別でよくわかる！授業を成功に導く指導の裏ワザ37

探し出します。そして，自分の解答と教科書の英文を見比べます。この見比べる作業のとき，生徒が自分の作った英文にいろんな発見をし，気付きが生まれているような気がします。

　この活動はなかなか盛り上がります。数ヶ月前の過去のレッスンであっても，ぼんやりと覚えている生徒は結構いるものです（もちろん，授業の中で教科書の英文を徹底活用・徹底音読していることが前提ですが）。

　採点方法は，「○」か「×」の２択としています。つまり，ほとんど正解であっても冠詞が一つでも抜けていれば「×」ということです。このようにすることで，生徒たちの見直しの集中力が高まりますし，英文の内容だけでなく「形式（文法）」にも目が行くようになります。

　教科書で答えを確認する前に，ペアで相談する時間をつくっても盛り上がります。お互いに文法の細かい部分までチェックするようになります。

毎時間の帯活動にも最適

　全体の流れは「5分」もあれば十分ですし，慣れてくれば「3分」でできます。別項（64ページ）のLSDのように，教科書の範囲を指定して問題を出すと，休み時間から勉強する生徒も生まれます。簡単に取り組み，長く継続する。そんな形でライティングを導入するための一つの方法だと考えています。

要点チェック！

　既習の英文を使うことが重要です。「あれ？　どっかで勉強したなぁ」という引っかかりが生まれるような出題が理想的です。生徒が「そんなのあったっけ？」とまったく引っかかりが生まれないような1文を選んでしまうと，意欲を失くしてしまう生徒が出てきます。

単語・文法指導

リスニング

リーディング

スピーキング

ライティング

113

指導時間を削減できる「不自由英作文」

目的は語順の習得

　自由英作文はとっても素敵な活動です。しかし，あまりにも指導に時間がかかりすぎます。そこで「不自由英作文」という活動を考えました。

　英語には語順があります。これを徹底的に習得させることが，英語力を伸ばすポイントになります。そこで「生徒の言いたいこと」よりも「形式」を優先させて，日本語を完成させるようにします。具体的には，以下のような形です。

　例えば，この語順を習得させたいとします。

　　誰が　→　どうする　→　何を　→　どのように　→　どこ　→　いつ

　その場合，以下のように（　　）をつくり，そこに日本語を入れるように指示します。紙幅の関係で（　　）を小さくしていますが，本来はA4横でもっと大きくしています。

　　　誰が　　　　　　どうする　　　　　何を　　　　　どのように　　　　どこ　　　　　いつ
　（　　　）→（　　　　）→（　　　）→（　　　）→（　　　）→（　　　　）

　この日本語を完成させると，こんな感じになります。

（私は）→（食べました）→（カレーライスを）→（たくさん）→（レストランで）→（昨日）

　このようにすれば，あとはそれを英語にする作業のみです。このように日

本語の自由度を制限して内容を考えさせるので，「不自由英作文」と名付けています。「どのように」「どこ」「いつ」の部分に書くことがない場合は「×」をつけるように指示していますが，語順指導が目的なので「できるだけ書くようにしましょう」と付け加えています。

メリット

①意味が通じないという大きなミスがないので，教師のチェックが簡単
②語順を習得させやすい
③「どのように」「どこ」「いつ」をリストにして選ぶように指示すれば，よりミスが減る
④この文章のあとに，It was / They were（　　　）. と感想を述べる文章を入れ，事実＋感想というセットにすると，文章がより自由英作文っぽくなる
⑤別項（116ページ）の和文和訳とセットで教えることができる

先行投資だと思って取り組む

慣れるまでは，（　）に当てはめて日本語を入れて，それを確認するという授業になるので，日本語が多くなってしまいます。ですが，慣れると（　　）に直接英語を書き込めるようにもなります。そして最終的には（　　）なしで自由に書かせるという**段階的指導**になります。日本語の授業のようで違和感があるかもしれませんが，先行投資だと思って取り組むと，３月にはかなりの英文が書けるようになっています。

要点チェック！

不自由英作文は，自由英作文のためのステップです。語順にはいろんなパターンがあるので，段階的にいろんな語順のパターンを指導していきます。「決められた語順に従う」という与えられた範囲の中で，生徒は案外楽しみながら取り組んでくれています。

ライティング力を高める「和文和訳」

和文和訳

　日本人は「アウトプット」が苦手とよく言われます。恥ずかしがり屋な日本人気質に加えて，「日本語の表現の豊かさ」が英語でのアウトプットの妨げになっているように思います。簡単な英語で表現できるのに日本語が難しく表現されていると，それだけでアウトプットの難易度がグッと上がったような感じになります。ある日，中学生が私のところに以下のような日本語を書いてきました。

運動会は雨天中止になった。

　この一見，「ん？」と思ってしまうような日本語に出会ったとき，次の2つのステップを意識させて英語にさせるように指導しています。

STEP 1　幼稚園児にもわかるような日本語に「和訳」する

運動会は雨天中止になった。
↓
私たちは雨のため，運動会をできませんでした。

　ここが最大のポイントです。「幼稚園児にもわかるように」という比喩が大切だと思います。ここにはいくつかのトレーニングが必要ですが，和文和訳という言葉を使い，「英語にできる日本語にする」という意識を常に持た

Chapter 2　技能別でよくわかる！授業を成功に導く指導の裏ワザ37

せることが重要だと思います。また，「主語を復活させる」という視点もとても大事です。日本語では主語を省略するが英語ではしないことが多い，という概念を定着させるためには，意外と時間がかかります。ここを丁寧に何度も繰り返すことも大切だと思います。

STEP 2　英語の語順に当てはめる

　　　私たちは　⇒　できなかった　⇒　運動会を　⇒　雨だったから

　今回の場合であれば，「だれが　⇒　どうした　⇒　なにを　⇒　なぜ」に当てはめるようにします。この語順に当てはめるプロセスは，別項（114ページ）の「不自由英作文」とセットで教えるようにします。STEP 2で書かれた日本語の固まりを一つずつ英語にしていくと，

　　"We couldn't play in the sports festival because it was rainy."

　という英語が表現できるようになるはずです。本来の意味を正確に表現はしていないかもしれませんが，相手には十分通じる英語です（冠詞の問題などはありますが）。

❤ 要点チェック！

　スピーキングやライティングを上達させるコツは，日本語をいかに「英語にしやすい日本語」に変換するかだと考えています。この力が上達すれば，ほとんどのアウトプットが「中学生の文法と単語」でできるようになります。『わからない』と思っていることも，和文和訳の意識を持つことで表現できる幅がグッと広がります。

117

単語・文法指導

リスニング

リーディング

スピーキング

ライティング

間違い探し学習法

生徒大好き「間違い探し」

　生徒は間違い探しが大好きです。そこでその習性（？）を利用して，ライティングの力を高めるための活動に取り組んでいます。

間違い探し学習法の手順

STEP 1　間違い探し

　教師が例文をつくります。どんな内容でもいいのですが，そこには必ず文法的間違いが一つ含まれているようにします。

STEP 2　修正タイム

　上の文を生徒が読み，自力で修正するように指示します。自力で修正するのが困難な場合は，あらかじめ教師が用意していた「ヒント集」を見て取り組むように指示します。

STEP 3　答えチェック⇒清書

　答えをチェックして，間違っていた場合は正しい文を書き直します。「書き直す」ことがポイントで，間違った部分だけの修正ではダメです。

STEP 4　音読⇒暗唱

　その文を覚えるように，何度も音読させます。できれば「暗唱」させてしまいましょう。自分で間違えた文章は，しっかりと定着するようになります。

Chapter 2 技能別でよくわかる！授業を成功に導く指導の裏ワザ37

間違い探しワークシート（簡易版）

STEP 1・2　自分でチェックしよう！

①My school life was happy.

↓

_____

STEP 3・4　清書&音読

_____

（別のプリント）

ヒント集

①happyという形容詞は，
　人間が主語のときに使う

②天気を表現するときは，
　Itを主語にする

単語・文法指導

リスニング

リーディング

スピーキング

ライティング

応用で暗写も OK

STEP 5で「暗写活動」に展開することも可能です。「暗写」とは，覚えた文章を「何も見ずに書く」ということです。最終的なアウトプットをここまで持ってくると，ライティングの力はグッと高まっていきます。

✓ 要点チェック！

生徒はとにかく間違い探しが大好きです。またヒント集を「永久保存版」にしておけば，生徒はいつでもプリントを参照するクセがつくようになります。自分のミスを自分で修正することができるようになれば，英語力は加速度的に伸びていきます。ヒント集をつくるのはなかなか苦労しますが，一度つくってしまえば，あとは毎年更新するだけです。

119

意味理解で終わらせない

アウトプットが苦手な日本人 !?

　一般的に，日本人の英語アウトプット能力は，そのインプット能力と比較して顕著に低いと言われています。多くの人はこれを「日本人の性格」だと言います。ここを攻略するために，つまり生徒のアウトプット能力を高めるためには，私たち教員が「常に生徒のアウトプットを意識しておく」ということが大事です。アウトプットのためのインプットなのです。これを Input for Output と表現したりします。

　教師はよく４技能を切り分けて授業をします。「今日はリーディングの時間」と言い，本当にリーディングしかしない授業を何度も見てきました。日本の中高のリーディング指導は，「意味内容の把握」が中心となっています。確かに重要なスキルではあるのですが，「意味内容の把握」だけで終わってしまうと，生徒の頭の中に「意味内容」は残っても，「英語」は残りません。これでは，いくらたくさんの英文を読んでも，英文が読めるようになるだけで，アウトプットができるようにはなりません。頭の中に英語が残っていないからです。私たちは，生徒が**読んだ文章の「意味内容」ではなく「英文そのもの」を生徒の頭の中に残してあげる**ように工夫しなければいけません。

簡単１文ライティング

　生徒が育ってくれば，読んだ内容について英語で議論（ディスカッション）をすることも可能かもしれません。まさに理想の英語授業です。ですが，そこまでをどうやって育てるのかが大事です。私の場合，リーディングの授業のあとは，必ず英語を書かせます。

Chapter 2 技能別でよくわかる！授業を成功に導く指導の裏ワザ37

「これで、この本文のだいたいの意味内容は理解したね。では、今から何回か音読しよう。そのあと、先生がこの長文の中で（形式的に）大事だな、と思う文章を日本語で言うから、みんなはそれを英語で書いてください」
と伝え、音読する時間をつくります。最初のころは教師が指揮しながら一緒に音読指導をしますが、生徒が慣れてきたら、自由音読時間にします。そして、教師が形式的に重要だと考える英文の日本語を読み上げ、英語で書かせます。答え合わせをして、その文を暗唱して終了です。

このようにすれば、ほんの少しでも頭の中に英語を残すことができます。意味理解で終わりがちなリーディングを、簡単でいいのでアウトプットにつなげる意識を教師が持つことが重要だと私は考えています。**意味理解で終わらせず、形式で終わらせる**ことがポイントだと思います。

要点チェック！

授業が終わったあと、頭の中に少しでも「英語」は残っているかどうか、そこが重要です。簡単でいいと思いますし、たった1文でもいいと思います。ただ、読んで「いいお話だったね」で終わってしまわない活動を仕組むことが、生徒の英語力を飛躍的に伸ばすカギになると私は思います。意味理解で終わらせず、形式で終わらせる、ということです。

つまらないキーセンテンスを輝かせる

創作ストーリーメイキング

　この方法は，別項（56ページ）の「キーセンテンスはリスト化して帯活動」と連携して活用することが前提となります。しかし，応用の幅が広いとも感じているので，別の項目として書かせていただきました。上位層の心を掴みやすい活動で，活動などで時間差が生まれてしまったときなどに活用できる「すき間活動」として，私は位置付けています。グループワークなどで行うことも可能ですので，授業のメインの活動としても最適です。

　キーセンテンスを使った創作ストーリーをつくることがこの活動です。例えば，

The book made me sad.

というキーセンテンスがあったとき，

「この文章が話のオチの最後の１文になるような
オリジナルストーリーを考えてください」

などのテーマを与えて，英文創作活動をさせます。これにはかなり時間がかかります。そのため，私は別項の「キーセンテンスはリスト化して帯活動」のグルグルが早く合格した生徒に与える活動としています。そうすることで，教師も余裕を持って暗唱ができていない生徒の指導に当たることができます。

Chapter 2 技能別でよくわかる！授業を成功に導く指導の裏ワザ37

この創作活動は，家での学習につながることも多いです。「先生，すごくいいお話をつくってきました！」と嬉しそうに話す生徒も少なくありません。

楽してリーディング教材ができあがる

実際，生徒がつくってきた創作文章を読んでみると，「なるほど！」と思わずうなってしまうような文章を書いてくることがしばしばあります。英語のミスは当然あるでしょうから，それらをちょっと修正してあげるだけで，リーディング教材の完成になります。

友達がつくった文章ですから，生徒たちも興味津々で読み始めます。リーディングへの動機づけなど考えなくても，勝手に読みたがります。

要点チェック！

この活動は，いろんな場面で使えると思います。グループワークにすると，かなり盛り上がります。もちろん，キーセンテンスの意味内容によって，与える課題も変わってきます。私は関西出身で関西の学校で勤務しているので「オチ」という表現をよく使います。子どもの創造力は無限大です。絶対に大人が思い浮かばないようなストーリーを考えてくる子が必ずいます。また，英語が苦手でもこういう場面で輝ける子もクラスには必ずいます。そんな瞬間を見つけてあげるのも，教師の楽しみの一つだと思います。

Chapter 3

できる先生はココが違う！

多忙解消の裏ワザ7

仕事がはかどる！引き出し活用術

人はいつも見ているものに，心も似てくる

　職場で割り当てられているデスクには，引き出しはいくつありますか？ 私の場合は4つあります。多少の違いはあるとは思いますが，今回はこれをベースに書きます。

　私は「退勤時には，机の上に何も物が置いていない状態」にして帰ることを徹底しています。ですから，ペン立ても置いていません。棚も置かないようにしています。それは「人はいつも見ているものに，心も似てくる」という言葉に強く影響を受けたからです。

引き出しの活用法

　私は「どの引き出しに，何を入れるのか」ということを徹底しています。必要最小限にしておくことを意識しています。

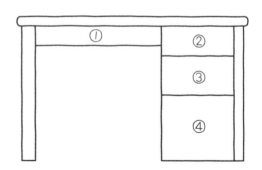

①の引き出し

授業で配布するために印刷したプリントを入れています。

Chapter 3　できる先生はココが違う！多忙解消の裏ワザ7

②の引き出し

小物類と筆記用具を入れています。

③の引き出し

ここの引き出しは基本「空」にしておきます。やらなければいけないことや，処理しなければいけない書類などをここに入れるようにします。終われば書類は破棄するので，ここが「空」ということは仕事がない，ということを意味しています。引き出しの一つを空にすることを「自分ルール」として徹底することができれば，やるべき作業の「見える化」につながり，作業がはかどります。

④の引き出し

どうしてもデータ化できない種類のプリント類や，引き継ぎの資料などを入れておきます。引き出しの中に仕切りをつくり，教科書やよく使う補助教材などもここに入れておきます。

ポイントは③の引き出し

人は「あると使いたくなる生き物」です。引き出しも，あると使いたくなってしまいます。しかし，そこを**「物を入れない」**という使い方をするようにしてみませんか？　やらなければいけない仕事は，とりあえず③の引き出しに放り込む。そして，時間に余裕が生まれたときに，③の引き出しを開け，仕事に取りかかるようにします。こうすると「締め切りはまだ先だし，後にしよう」という発想がなくなります。結果，仕事が早くなるというシステムです。

要点チェック！

人はいつも見ているものに，心も似てくる。それが真実だとすれば，自分のデスク近辺はいつもキレイにしておきたいなぁと思います。

127

書類管理はタブレットで

スキャナーアプリ

　先ほどの「引き出し活用術」の項で，「そんなこと言っても，書類が次から次へとやってくるんだよ……」とお嘆きの先生方もおられるかもしれません。しかし，先ほどの引き出し活用術は，この項で紹介させていただく方法とセットで行うとできるようになります。

　読者の先生方は，スマホ，もしくはタブレット端末はお持ちでしょうか？ もしお持ちでしたら，「スキャナーアプリ」というものをダウンロードしてみてください。有料のものもありますが，無料のものでも十分です。

　百聞は一見に如かずですが，説明をさせていただくと，プリントをこのアプリで撮影すると，自動的にデータ化してくれるというものです。ななめになった状態で撮影したりと，多少アバウトに撮っても，きちんと補正してくれる便利なシロモノです。有料になればデータ編集なども可能になります。

ほとんどの資料をデータ化できる

　教員会議などで配布される資料のほとんどは，このスキャナーアプリでデータ化できます。データ化できたら，その書類は破棄してしまいます。ですから，書類をファイリングして保管しておく必要もありません。データ化をすれば「検索機能」もついてくる（有料版の場合が多いですが）ので，「例

Chapter 3　できる先生はココが違う！多忙解消の裏ワザ7

の件の資料はどの会議資料だっけ？」と探す手間もなくなります。

個人情報には気をつけよう

　とはいえ，何でもかんでもデータ化するのがいいとは思いません。むしろ，スマホなど個人の所有物でデータ化をする場合は，「その書類を外部に持ち出すこと」と同義になります。外部に持ち出すことが禁止になっているようなものは，データ化しないようにしなければいけません。特に生徒の個人情報に関しては細心の注意を払わなければいけません。

　そうなってくると，データ化できる資料は少ないのではないか，と思ってしまうかもしれませんが，それでも意外と多くあるものです。体育祭や修学旅行の行事関連の書類は毎年多いですが，これらの資料はデータ化できる部分も多いです。また，修学旅行などでは持っていく資料が減ることにもつながるので，便利です。

肝は書類を減らすこと

　私はこのスキャナーアプリを使うようになってから，各書類の処分を大胆に行うことができるようになってきました。書類が減っても，仕事で困ったことはあまりありません（笑）。データ化をすれば，通勤時間などに資料の確認なども簡単にできるので，仕事もはかどるようになります。

❤ 要点チェック！

　ICTの進化で，世の中はどんどん便利になっています。教えている生徒たちが世の中に出て行くころには，もっと進化していることでしょう。学校だけが「ガラパゴス化」してしまっているような気もします。積極的に新しいものを取り入れようとする姿勢も，時には重要ではないでしょうか。

ネット断食で時間確保

スマホと向き合っている大人

　私は現在，電車通勤をしています。片道約1時間です。毎日電車に乗っていると，ほとんどの人がスマホをいじって電車に乗っていることがわかります。ニュースを見たり，SNSをしたり，ゲームをしたり。いろいろですが，みんながスマホに熱中していることがわかります。

　情報モラルの授業をしていると，必ず**ネット依存**という言葉に出会います。少し前までは若者に向けられた言葉でしたが，今は中高年にも言えるなぁと私は考えています。

　読者の先生方は，みなさん忙しいですよね（笑）。本当に忙しいのが教師という仕事です。この本も「教師が楽な方法で，生徒の力を伸ばそう！」というコンセプトで書きました。教師の世界には突発的な仕事が多いので，いくら計画を立てても，必ずしも予定通りに進むとは限りません。ですから，時間に余裕があるときに，やれることをやってしまうことが重要です。しかし，私たち教師の中にも「ネット依存」の人は多くいます。例えば，「この単語ってどういう意味だっけ？」とネットの辞書で調べると，面白そうな記事が載っていて，ついクリックしてしまう。そのまま5分，10分と時間が流れていく。そんな経験は誰にでもあるのではないでしょうか。

ネット断食しませんか？

　「ネット断食」とは，そのままの意味で「ネットをまったくしない」ということです。有線LANでつないでいる人はケーブルを抜きましょう！　無線LANでつないでいる人は，設定で切ってしまいましょう！

130

Chapter 3　できる先生はココが違う！多忙解消の裏ワザ7

一度実験をしてみてください。驚くほど自分の時間が増えます。どうしてもネットで調べないといけないときだけつなげばいいのです。つなぎっぱなしでは，ついついネットを見てしまうものです。

メールは返せるときだけ開く

　「メールをチェックしよう」と一日に何度もメールを開く人がいます。しかし，重要な連絡はそんなに多く来るものでもありません。何度も開くことは時間の無駄です。とはいえ，メールチェックは社会人としてのマナーになりつつあります。

　メールを開くタイミングは，メールを返す時間が十分にあるときだけにしましょう。メールとは不思議なもので『あとで返そう』と思っていると忘れてしまうものです。私がメールを開くときは，出勤してすぐの生徒のいない時間帯です。突発的なことも少なく，安定して時間を確保できます。もちろん，それ以外の時間でも，時間が確保できればメールを開きます。

　メール処理は早めに行う。これが鉄則です。私はこれを「インベーダー方式」と呼んでいます。インベーダーゲームのクリアのコツは，早め早めに敵を打ち落としておくことだからです。

要点チェック！

　ネットは便利です。しかし，そこに悪魔がいます。ネットは短い言葉で注意を引こうとあの手この手を使って，私たちの時間を奪います。「ついつい」なんて経験は誰にでもあるのではないでしょうか。「ネット断食」，これが一番の時間確保術だと私は考えています。

手間を削減する！ファイル回収術

ファイルの回収・チェックをどうするか？

　英語の授業で使ったプリントなどを「ファイル」を使って生徒に保管させ
ておられる先生方は多いのではないでしょうか。そして，そのファイルを
「定期テストごと」などに回収をして，チェック・評価をしておられる先生
方も多いのではないでしょうか。周りの英語の先生の机を見てみると，ファ
イルやノートが山積みになり，いかにも「仕事に追われている感」が漂って
います。定期テストごとに回収する先生であれば，テストの採点も重なって，
とんでもない慌ただしさになります。これを解消するための私なりの方法を
ご紹介させていただきたいと思います。

ファイル回収のタイミング

　まずは回収のタイミングです。私は，「テスト一週間前」に行います。テ
スト採点とのタイミングをずらすためです。もう一つの理由として，ファイ
ル回収の目的を「しっかりとプリントを捨てずに管理しているかどうかの確
認」としているならば，それはテスト前に行うべきだと私は考えているから
です。テストのあとにプリントがちゃんと揃っているかどうかを確認するこ
とは，基本的には生徒のためにはならないと思っています。テスト前にプリ
ントが揃っているかどうかを確認してあげる方が親切だし，テスト勉強も効
果的になるはずです。

ファイル回収の方法

　職員室で回収すると，多い場合は，100冊近くのファイルを職員室で管理

することになります。こうなると一気にやる気がなくなってしまい、「あとでチェックしよう」というようになってしまいます。こういった仕事はすぐに片付けてしまう方が得策です。私の場合のファイル提出方法は、

放課後、（生徒が）自分の机の上にファイルを置いて、下校

と指示しています。つまり、職員室で回収するのではなく、教室で回収するのです。放課後、教室に行けばわかりますが、誰が出していないのか、ということが（座席表さえあれば）一目でわかります。また職員室のスペースもまったく使いません。そして何より教室で仕事（チェック）をすることになるので、余計な邪魔がほとんど入りません。集中して短時間でチェックすることが可能です。翌日には生徒が自分のファイルを取ってしまうので、『今日中にやらなければ！』とい

う適度なプレッシャーもかかります。一気に見ることが難しければ、クラスごとに回収に時間差をつけて、一日一クラスずつ回収してチェックすることも可能です。

要点チェック！

たかがファイル回収ですが、こういった作業が教師の多忙感をつくりだしていると思います。ちょっとした工夫の積み重ねが、教師から多忙感を取り除いていくのだと、私は本気で考えています。

ファイル活用を促す！プリント作成術

ファイルの整理

　私はあるとき，生徒が解説のプリントを一生懸命に探している姿を見ました。その生徒に「ちゃんと整理しないからだよ」と話しかけると，「ほとんどの子ができてませんよ」と言われました。確かに，当時の私のつくるプリントは量が多すぎて，整理しきれない生徒が続出でした。一生懸命に目的のプリントを探す生徒を見て『あぁ，無駄な時間をつくってしまっているなぁ』と反省したことを覚えています。

プリントには2種類ある

　英語教師がつくるプリントには，大きく分けて2種類のものがあると思っています。

　①説明や解説を書いたプリント
　②練習問題などのワークを中心としたプリント

　この2つです。また「半分は解説で，半分は問題」という形で1枚のプリントをつくっている場合もあるかもしれません。しかし，私はできるだけ，「資料用プリント」と「活動用プリント」を明確に分けてつくるようにしました。そしてそれらを「2種類のファイル」に別々にファイリングさせるように指導しました。

　まずは年度当初に色の違うファイルを2つ購入させます。そして，「資料

134

用プリント」は黄色,「活動用プリント」は緑色のファイルに綴じるように指示しました。そこで顕著になったのは,テスト前に生徒が活用するファイルは,圧倒的に「黄色ファイル」でした。つまり,資料用プリントだということです。一度やった問題をもう一度見直すという生徒は,こちらが意図的に働きかけない限り,なかなかいないのです。

　プリント作成時には,タイトルをはっきりさせることが重要です。通し番号をつけておくと,「コレクター魂」に火がつき,プリントを整理するようにもなります。また,プリントの上部右端に「黄色」や「緑色」と書いておき,どちらにファイルしなければいけないのかを,色で指示すると混乱が少なくなります。

自分で調べる習慣が身に付く

　2種類のファイル活用を実践して感じることは,生徒に「資料活用能力が身に付いた」ということです。以前は,「先生,教えてください!」とすぐに聞いてきた生徒たちが,自分たちで黄色ファイルを調べて考えるようになりました。そこにヒントが書いてあることを知っているからです。自分で調べて正解にたどり着いた方が,生徒は達成感を感じます。

要点チェック!

　「資料用」か「活動用」かを意識してプリントをつくることにより,後々のプリントの活かされ方が違ってきます。せっかくつくったプリントです。何度も活用してもらえるように,ちょっとした一手間が必要だと考えています。

導入へのこだわりをなくせ

教育実習での経験！？

　私は時々，自分の教育実習時代を思い出します。特に自分が教育実習生を受け持った年は，必ず思い出します。自分の教育実習を振り返ると，『あぁ，導入にものすごくこだわっていたなぁ』と思います。現場に立ってからの数年も，やはり導入にこだわっていました。「導入でどのようにインパクトを残すかで，生徒のやる気も変わってくる！」と信じて疑いませんでした。教育実習での経験が，ずっと頭の中にこびりついていたのかもしれません。

　しかし，私は優れたアイデアをたくさん思いつく人間ではありません。ですから，いくつかの導入ネタを持ってはいますが，自分で0からつくりだすことが苦手です。できたとしても，ものすごく時間がかかってしまいます。

　昔の私は，導入にこだわりすぎるあまり，学校に遅くまで残っていることもありましたし，教材も手作りで，ものすごく時間をかけてつくっていました。自腹でたくさんの物を買い込み，授業で使ったのはたった1回だけ，なんてことも少なくなかったです。これだけ手間暇をかけてつくった導入ですから，それなりによい導入にはなったと思います。しかし，その後の活動を丁寧に準備する時間が取れなかったので，肝心の活動がイマイチだった経験が何度となくあります。

「本質を見失うな」

この言葉は，師である靜哲人先生に教えていただいた言葉です。私は完全に本質を見失っていました。私たち英語教師の本質は「生徒に英語の力をつけること」であり，導入などその一部でしかないのだということに気付かされました。導入は重要です。しかし，私たち教員の時間は有限です。生徒指導や担任業務，会議資料作成など，授業以外の仕事の方が多いぐらいです。それを有限の時間の中でやりくりしなければいけないのです。

私は「本質を見失うな」という言葉を教えていただいてから，導入を考える時間をほとんどなくしました。過去の財産でいくつか使えるものは使いますが，新しく『どうやって導入しようか』と考えることを止めました。そしてその時間を『どうやって生徒の活動量を増やそうか』と，展開の部分の質を高める方法を考える時間に費やすようにしました。

派手な導入より，その後

教師がこだわってつくった導入は，生徒にとって意味のないものがほとんどだと思います。少なくとも，私の場合はそうでした。「導入ですべてが決まる！」と思い込んでいました。導入が重要であることは間違いありません。しかし，サラッと導入したとしても，派手な導入をしたとしても，生徒の英語力を伸ばすのに影響があるのは，「その後」です。ですから，一番大事なことを後回しにして，導入に時間をかけて悩むことは，本末転倒だと思います。導入よりも，「その後」に何をさせるのかが最も重要なのです。導入へのこだわりをなくしたときに，生まれてくるものもあります。

要点チェック！

導入よりも時間をかけるべきことがあります。導入のために一生懸命準備することは悪いことではありませんが，費用対効果を考える必要があると思います。

振り返りは授業力を伸ばす唯一の方法

　この項で書かせていただいている「振り返り」は，「授業者が自分の授業をどのように振り返るのか」という意味で，生徒の学びの振り返りではありません。

授業力を伸ばす唯一の方法

　授業力を伸ばそうと思えば，いくらでも方法はあるように思えます。しかし，どんな実践をしたところで，「振り返り」をしなければ価値はありません。その意味で，「振り返りこそが，授業力を伸ばす唯一の方法である」と私は思っています。しかし，いくらいい授業ができた，と自分で思っていても，それが本当に「いい授業」か「ダメな授業」かを決めるのは，先生自身ではありません。自分の教えている「生徒」が決めることなのです。自分の授業の評価を決めることができるのは，自分の教えている生徒だけです。その意味で，**授業の振り返りを生徒と一緒にすること**は，とても重要だと考えています。

アンケートや毎回の振り返りは長続きしない……

　私は研修などで講師をさせていただくとき，「振り返りって，どんなイメージがありますか？」と聞くことがあります。すると，だいたいの場合「意味がないような気がする……」や「どうやっていいかわからない」などのネガティブな答えが返ってくることが多いです。私も新任の頃に，毎回の授業で「振り返りシート」を書かせていたことがありました。私の授業への「評価シート」のようなものです。それはそれで価値があったようにも思うのですが，毎時間，紙を印刷することや，回収してチェックして返却する手間，

Chapter 3 できる先生はココが違う！多忙解消の裏ワザ7

何よりも生徒の「またやるの〜？」の声に負けてしまい，半年も持たずに挫折してしまった経験があります。

自分の授業の振り返りは毎時間するべきです。しかし，生徒に何かを書かせる振り返りでは，長続きしない場合がほとんどです。

立ち話なら，毎回できる

そこで私は，「立ち話振り返り」を行うようにしています。授業が終わったあと，板書を自分で消し，すぐに教室から出ないようにします。それを続けていると，何人かの生徒が話しかけてくるようになります。そのとき，「今日の授業，どうだった？」と聞きます。休み時間に行われる軽い会話ですから，生徒も本心を語ってくれます。

「先生，説明時間が長すぎます。もっと活動時間を多くしてほしかったです」「ここの部分の説明がわかりにくかったな」などなど。グサリとくるものも多いですが，私には授業改善のための貴重な時間です。生徒の思いを聴くことができる貴重な時間であり，自分の授業をすぐに振り返りができる場所でもあります。

要点チェック！

この立ち話振り返りを続けると，生徒との信頼関係が結びやすくなります。もちろん，アンケート形式の「授業評価」も学期に1回は行います。しかし，毎時間行う「振り返り」の方が，自分にとっては役立ちます。

おわりに

本書を最後までお読みいただき，ありがとうございました。少しは皆さまのお役に立てるものはあったでしょうか。そうであれば，こんなに嬉しいことはありません。

本書を執筆するにあたり，自分の経験が活きたなぁと感じています。私は，小学校，中学校，高等学校のすべての校種で，授業と担任の経験があります。それぞれのフィールドでたくさんの先生方や子どもと出会い，たくさんの学びを得ることができました。そして，どの校種であっても「子どもの力を伸ばす！」というスタンスだけは変えずに授業に取り組むこともできました。しかし，方法論だけはいろいろと試行錯誤の日々でした。特に小学校では，毎日頭を悩ませていました。中高では上手くいったことが，小学校ではまったく通じない。自信をなくしてしまいそう。そんな日々も少なくありませんでした。

しかし，解決策を教えてくれたのは子どもたちでした。ストレートに授業の感想を伝えてくる彼らに，翻弄されつつも鍛えられる自分がいました。『子どもの前では笑顔でいることを心がけよう！』『職員室にこもらず，子どもと話したり遊んだりしよう！』『そのためには，自分の心に余裕が必要だ……』そんなことを考え始めたとき，自分の中で何かが変わり始める感覚がありました。

その集大成が本書です。私の言う「裏ワザ」とは，「生徒の力を伸ばしつつ，かつ教師の負担を軽くするもの」です。教師の仕事が楽になれば，自然

と笑顔が増えるようになります。子どもの前で笑顔が増えれば，子どもとの関係はどんどんよくなります。すると，授業も円滑に進むようになります。同じ授業実践をしていても，子どもの気持ちが教師の方に向いているかどうかで，成果は大きく変わります。それほど，子どもというのは，不安定なものなのです。ですから，私は「教師の負担が軽くなる＝子どもの力をより伸ばせる」と本気で考えています。それは，「教師が笑顔になる」ということです。本書で紹介させていただいたワザが，教師である皆さまの笑顔につながっていくことを願いながら，執筆させていただきました。

　PCの進化，小学校英語の導入，大学入試の変化，英語教育を取り巻く環境は，大きな節目に来ていると思います。あれやこれやとしなければいけないことが増えているようにも思いますが，結局は「子どもの力を伸ばせたかどうか」ということが一番大事なのではないでしょうか。私はそんな風に思うのです。

　本書の企画を与えてくださった明治図書の林　知里様には心より御礼を申し上げます。本書の原稿をお読みいただき，的確なフィードバックを与えてくださったことは，大きな刺激となりました。また，師である靜哲人先生にも感謝をさせていただきたいと思います。常に先を行き続ける先生は，私にとって「師」であり，「あこがれ」であり，「ライバル」でもあります。

　最後になりましたが，この本をお読みくださったすべての先生方に感謝を申し上げます。先生方の日々の努力をいつも尊敬しています。またいつかどこかでお目にかかれる日を楽しみにしております。

2018年１月　自宅のリビングにて

正頭　英和

【著者紹介】

正頭　英和（しょうとう　ひでかず）

立命館小学校教諭。1983年，大阪府生まれ。関西外国語大学外国語学部卒業。関西大学大学院修了（外国語教育学修士）。京都市公立中学校，立命館中学校高等学校を経て現職。全国で学級づくりや授業方法・小学校英語のワークショップなどを行っている。

〈主な著作〉

『6つのアイデア×8の原則で英語力がぐーんと伸びる！英語テストづくり＆指導アイデアBOOK』『5つの分類×8の原則で英語力がぐーんと伸びる！音読指導アイデアBOOK』（明治図書），『英語授業の心・技・愛〜小・中・高・大で変わらないこと〜』（研究社），『言語活動が充実する　おもしろ授業デザイン集〔低学年〕〔中学年〕〔高学年〕』（学事出版），DVD「明日の教室　第33弾　子どもが育つ授業＆学級づくり」（有限会社カヤ）など。

〈メールアドレス〉

hidekazu_shoto@hotmail.com

［本文イラスト］木村美穂

教師の負担を軽くする！
60の技で4技能を圧倒的に伸ばす
英語授業の裏ワザ指導術

2018年2月初版第1刷刊 ©著　者	正	頭　英	和
発行者	藤	原　光	政

発行所　明治図書出版株式会社
http://www.meijitosho.co.jp
（企画）林　知里（校正）足立早織
〒114-0023　東京都北区滝野川7-46-1
振替00160-5-151318　電話03(5907)6703
ご注文窓口　電話03(5907)6668

＊検印省略　　　　組版所　株式会社アイデスク

本書の無断コピーは，著作権・出版権にふれます。ご注意ください。

Printed in Japan　　　ISBN978-4-18-189613-3
もれなくクーポンがもらえる！読者アンケートはこちらから →

中学校英語サポートBOOKS

生徒をテスト好きにする 英語テストづくり&指導アイデアBOOK

6つのアイデア×8の原則で英語力がぐーんと伸びる！

正頭 英和 著

A5判・136頁　本体価2,000円+税　図書番号：1880

「テストが変われば、授業は変わる」で本物の学力をつける

生徒をテスト好きにし、英語力を伸ばすためには、意図的・戦略的なテスト作成とその指導が不可欠です。「見やすい」「簡単」「使える」をコンセプトに、効果的なテストを継続して行うための原則やアイデアを多数掲載。テストを最大限活用するための必携書です。

授業でもそのまま使える活動アイデア&
見やすい・簡単・使える
テスト作成の具体例が満載！

中学校英語サポートBOOKS

クラスが集中する 音読指導アイデアBOOK

5つの分類×8の原則で英語力がぐーんと伸びる！

正頭 英和 著

A5判・144頁　本体価2,060円+税　図書番号：1911

音読を分類して指導すれば、英語力は驚くほど伸びる！

音声チェック型・意味思考型・英文暗唱型・文法確認型・空気温め型の5つの分類別に、本当に使える音読指導アイデアを精選！目的や方法をしっかりと理解して指導すれば、英語力を伸ばすだけでなく、クラスの人間関係も良好にしてしまう─それが音読指導の真の力です。

たった5分で授業が変わる
効果抜群の目的別音読！

● 音声チェック型　● 意味思考型
● 英文暗唱型　● 文法確認型　● 空気温め型

明治図書　携帯・スマートフォンからは **明治図書ONLINE** へ　書籍の検索、注文ができます。　▶▶▶

http://www.meijitosho.co.jp　＊併記4桁の図書番号（英数字）でHP、携帯での検索・注文が簡単に行えます。

〒114-0023　東京都北区滝野川7-46-1　ご注文窓口　TEL (03)5907-6668　FAX (050)3156-2790